もっと知りたい！
ラクしておいしいレシピ
118

にじままの究極ずぼらおかず2

JN048528

KADOKAWA

あの

『究極ずぼらおかず』が 帰ってきたよ！

まな板は（ほとんど）使いません

せん切りピーラーで
空中にんじん

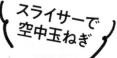 スライサーで
空中玉ねぎ

キッチンバサミ
活用

せん切りピーラー、スライサー、キッチンバサミを使ってフライパンの上で直接カット＆スライス！ 洗うのがめんどうなまな板や包丁はなるべく使いません。

下ごしらえにボウルや バット、使いません！

片栗粉はフライパンの 中でまぶす

パン粉もフライパンの 中でOK！

下ゆでも フライパンで完了

食品トレイも 活用

肉に片栗粉やパン粉をまぶすのも、食材の下ゆでもフラ イパンひとつで完了！ 時には食品トレイも活用して、 バットやボウルなどの洗い物を増やしません。

ポリ袋を活用するから
手が汚れません！

こねる系の
レシピは

1

ポリ袋に食材を入れて…

2

袋ごとこねたら…

3

袋のまま成形して…

4

フライパンにイン！

ボウルに肉を入れて手でこねたり、ペタペタと成形したり……手を洗う手間が増える工程は極力なし！ ポリ袋があれば大抵のことは解決してしまいます！

便利なチューブ調味料
が大活躍

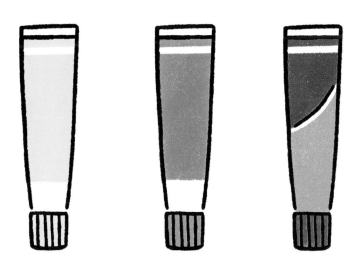

すりおろしのしょうが・にんにくなどは、大さじ・小さじの表記ではなくチューブで何cm使うかを表記しているので、軽量スプーンなしで味が決まります。

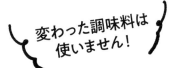

変わった調味料は
使いません！

この本で使う主な調味料

● しょうゆ　　● こしょう　　　　　　　　　　● 鶏ガラスープの素（顆粒）
● みそ　　　　● トマトケチャップ　　　　　　● コンソメスープの素（顆粒）
● みりん　　　● 中濃ソース、ウスターソース　● 和風だしの素（顆粒）
● 砂糖　　　　● マヨネーズ　　　　　　　　　● ポン酢しょうゆ
● 塩　　　　　● オイスターソース　　　　　　● バター
● 酢　　　　　● めんつゆ（2倍濃縮）　　　　● サラダ油
● 酒　　　　　● 焼肉のたれ　　　　　　　　　● ごま油　　などなど

はじめに

　こんにちは！　料理家のにじままです。このレシピ本を手に取ってくだ
さり、ありがとうございます！！　このレシピ本は、普段作るお料理のハ
ードルに感じる部分や工程をなるべく減らし、「これなら私にもできそ
う！」「これだけなら私にもやれるかも！」と思っていただけるようなレシ
ピを1冊の本にしました。

　私はこれまで、いろいろなレシピをInstagramに投稿してきました。そ
して、見てくださる方々とのコミュニケーションを通して、日々のお仕事
や家事をこなしながらお料理をしたいと思っている方、子育てで細切れの
時間しか取れない中、家族の料理を作ってあげたいと思っている方が、世
の中にはたくさんいらっしゃることを知りました。

　私も産後、子どものたそがれ泣きや後追いなど、料理をしたくても思う
ようにできずに悩んでいた時期があり、その結果、調理時間を減らす工夫、
調理工程を減らす工夫、洗い物を減らす工夫をして、なんとか夕ご飯を作

る、という日々を送っていました。そのような自分の料理の姿をショート動画にして発信することで、「これなら私にもできそう！」という気持ちを生み、見てくださった方々へのプラスのパワーになるのだなと実感し、発信を続けてきました。この本はその今までのレシピと、私と見てくださった方々のパワーをまとめた、自信の１冊です。

　もしあなたが、料理を作りたい、誰かのために作りたい、だけど、忙しくて時間がなかったり、手間がかかりすぎて諦めてしまったりすることがあるのであれば、このレシピ本はきっとあなたのお役に立てるはずです。私自身が日々の生活の中で経験した調理時間の短縮や工程の簡略化、洗い物の削減などの工夫をたくさん詰め込んでいます。ぜひ、この本を通じて料理の楽しさを再発見し、自分のために料理をする喜び、家族との食卓を作る幸せや喜びを感じていただけたらと思っています。

にじまま

CONTENTS

1章 フライパン・鍋で作るおかず

がんばらないで
作れるよ～！

2章 レンチン・オーブン・トースターで作るおかず

3章
熱湯・レンチン・混ぜるだけ
で作る副菜

表記のルール

●ピーラー、スライサー、キッチンバサミを使う場合は、ケガに十分に注意しながら調理してください。
●大さじ1は15mℓ、小さじ1は5mℓです。少々は親指と人さし指の2本の指でつまんだ量が目安ですが、個人差があるので味をみながら調節してください。
●野菜は水洗いし、作り方に表示がなければ皮をむき、種やヘタを取り除いて調理してください。
●電子レンジの加熱時間は600Wを基準にしています。機種によって加熱具合に差があるため、食材の様子を見ながら使用する電子レンジに合わせて加熱時間を調節してください。
●加熱時間はめやすです。調理器具や使用する食材によって差があるため、様子を見ながら必要に応じて調節してください。
●めんつゆは2倍濃縮のものを使用しています。4倍濃縮のものを使う場合は½量を基準に、味をみながら調節してください。
●調理器具は適した器具を使用してください。商品ごとの使用上の注意を守り、安全に十分留意しましょう。

STAFF

撮影 ———— さくらいしょうこ
　　　　　　　齋藤優龍（KADOKAWA）
スタイリング — 露木藍
撮影協力 ——— UTUWA
調理補助 ——— 三好弥生
デザイン ——— 蓮尾真沙子（tri）
DTP ———— 三光デジプロ
イラスト ——— かわべしおん
校正 ———— 小山愛
編集・執筆 —— 須川奈津江

簡単・時短・洗い物削減に役立つ

あると便利な道具

にじままも愛用中の本書で使用している調理器具をご紹介します。

ハンドルが取れるフライパン

にじままは、アイリスオーヤマのダイヤモンドグレイスのフライパンを使用しています。ハンドルが取れるタイプのフライパンは、収納するとき省スペースに！ オーブン使用するときはオーブン加熱が大丈夫なフライパンかどうか確認してね。

ふたもね

片手鍋

片手鍋もハンドルが取れるタイプのものを使用。汁物はこれでちゃちゃっと作っちゃいましょう！

耐熱ボウル

熱湯に浸して肉や野菜をゆでるときに使う耐熱ボウル。大きめのものを用意しておくと、肉も火が通りやすくて便利です。プラスチックが軽くて使いやすいですが、色移りしやすいので、ポリカーボネートのものがおすすめです。

キッチンバサミ

肉もズバズバ切れて頼りになるキッチンバサミは貝印SELECT100キッチンバサミDH－3005です。分解して洗うことができるので衛生的です。

ぶんぶんチョッパー

もはやみじん切りに欠かせない定番。歯が5枚ついた強化版・ぶんぶんチョッパー5Sが頼りになる！ 大根おろしもぶんぶんチョッパーでできますよ。

せん切りピーラー

せん切りはピーラーにお任せ！ にじままが使っているのは下村企販のスゴ切れ千切りピーラーです。

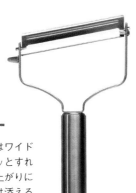

ワイドピーラー

キャベツのせん切りはワイドピーラーでシュシュッとすれば、お店みたいな仕上がりになります。この本では添えるためのキャベツのせん切りでしか使用していませんが、便利なのでご紹介。

スライサー

野菜の薄切りに使うスライサーは貝印SELECT100スライサーDH5700。薄切りの厚みが調節できるところが気に入っています。

料理がスピードアップする
食材の切り方

ずぼらおかずの特徴はなんといっても食材の切り方にあります。
もちろん、包丁を使ってもOK。あなたにあった方法を見つけましょう。

薄切りはスライサーで

野菜の薄切りは、包丁ではなくスライサーを使えばまな板いらず。フライパンの上で直接スライスします。

やり方

両刃のスライサーを使う場合は、野菜が大きい状態のときには前後に動かし、小さくなってきたら手前から向こう側へ一方向にスライスします。

\ POINT /

野菜が小さくなってきたら無理はしない

小さくなってきたら深追いはせず、取っておいてみそ汁などの具にしてしまうのがおすすめ。すべてスライスしようとするとケガのおそれがあるのと、時間もかかってしまうためです。

せん切りはピーラーで

根菜などのせん切りは、せん切りピーラーを使います。使いたい分だけ削るようにして使えるので便利です。

やり方

えんぴつ削りのように野菜をくるくると回しながらピーラーでせん切りに。力を入れすぎると野菜が詰まってしまうことがあるので、適度に力を抜いて使ってください。

\ POINT /

つかみにくい野菜はフォークを刺しちゃう!

小さくなったにんじんやじゃがいもなど持ちにくい野菜はフォークに刺して持つと、やりやすいです。

ざく切り・肉は**キッチンバサミ**で

葉物野菜や肉、ピーマンなどやわらかい野菜はキッチンバサミでカット！

やり方

フライパンの上でカットして、そのまま調理。野菜だけでなく、鶏もも肉、鶏むね肉、豚バラ肉、ベーコンなどの肉類もキッチンバサミで切ることができます。

\上級者向け!?/

トマトのカットにチャレンジ！

1

トマトなどの丸い野菜はまず、皮にハサミの刃を添わせ半分に切ります。

2

次に、端から削ぐようにして乱切りやくし形切りにしてください。トマトは他の野菜と比べて少しコツがいるので、ケガにはくれぐれもご注意を！

こんなこともできる！ ずぼら流な切り方

スライサー×包丁で
半月・いちょう切り

使う分だけ包丁で切り込みを入れてからスライスをする。

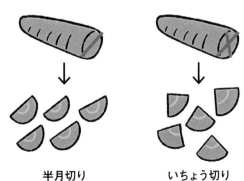

半月切り　　いちょう切り

キッチンバサミで
みじん切り

長ねぎに十字に切り込みを入れてからキッチンバサミで切る。

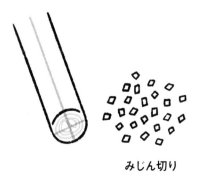

みじん切り

手間と洗い物を減らす
調理テクニック

レシピページでも紹介していますが、調理の仕方を予習しておきましょう！
使う道具が減ると片づけもラクになりますよ！

片栗粉・パン粉は<u>フライパンの中</u>でまぶす

やり方

 →

バットではなく、火にかける前のフライパンに直接片栗粉を入れたら、肉を加えてフライパンの中で直接肉に粉をまぶします。粉を入れすぎてしまった場合は、余分な粉は拭き取ってください。

まぶし終えたら、油を加えて、加熱スタート！

**パン粉も
同じ方法でOK!**

野菜の下ゆででも<u>フライパンで</u>

やり方

 →  →

フライパンに下ゆでしたい野菜とたっぷりの水を入れてふたをし、火にかけます。

火が通ったらふたを少しずらしてフライパンの中の水を捨てます。

再び火にかけてフライパンに残った水分を飛ばしたら、下ゆでで完了です。

肉をこねるときは<u>ポリ袋に入れて</u>こねる

やり方

ポリ袋に肉だねの材料を入れて外から手でこねます。

袋の上からフライ返しや箸などで筋をつけて成形する

鍋いらず！

<u>ボウルに熱湯</u>を入れて調理

やり方

野菜

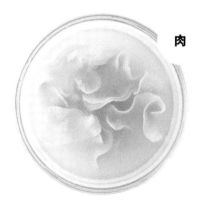

肉

使いたい分の野菜を耐熱ボウルに入れて、沸かしたての熱湯をたっぷり注ぎ、しばらく置いて火を通します。

肉を熱湯で調理するときは、温度にムラができないようによく混ぜてください。お湯の温度が低すぎたり肉が多すぎたりボウルが小さい場合は、火が通りきらない可能性があるので、もう1回熱湯をかけて混ぜるようにします。火の通りはしっかり確認してくださいね！

本書の見方

調理時間
煮込み時間や置いておく時間も含めた調理にかかる時間のめやすです。

食材の扱い方
肉や野菜を加えるときのサイズや切り方など。P14を参考に、カットしながら進めましょう。

調味料の分量
「買い物メモ」に書いてある調味料の分量です。

火加減
火加減のめやすです。お使いのコンロによって差異が生じる場合があるので、ご自身で調整しながら加熱してください。

加熱時間
加熱時間のめやすです。記載がない場合は、ふたはしなくてOK。

調理のポイント
おいしく作るためのポイントです。

これだけできれば上出来!
平日の豚の角煮

フライパン・鍋

調理時間 27

作り方 (2〜3人分)

豚バラ肉 300g

1 豚肉はラップをかぶせてめん棒などでたたく。

豚肉 1cm幅

2 フライパンに豚肉と大根、Ⓐを入れて火にかける。

Ⓐ
水 200ml
しょうがチューブ 4cm
しょうゆ 大さじ4
酒 大さじ4
みりん 大さじ4
砂糖 大さじ1

大根
1cm厚さの半月切り

弱火 中火

3 沸いたら火を弱め、煮込む。

中火 → 弱めの中火
沸いたら弱火

4 耐熱ボウルに小松菜を入れ、熱湯にひたす。冷水に取り、水気を切って食べやすい大きさに切り、角煮に添える。

小松菜 まるごと

熱湯 2分 ひたす

ポイントは、豚肉を徹底的にたたくこと! ごろっと大きめにカットした角煮もおいしいけど、煮込み時間がかかる…でも、たたいて1cm幅に切った豚肉なら20分煮込むだけで完成! 時間がない平日でも作れます。

買い物メモ
□ 豚バラ肉 (ブロック) …300g
□ 大根…½本
□ 小松菜…1束

このレシピで使う
調味料
しょうがチューブ みりん しょうゆ 砂糖 酒

ZOOM

まずは「買い物メモ」に注目!
このレシピを作るのに
必要なものがすぐわかる!

買い物メモ
□ 豚バラ肉 (ブロック) …300g
□ 大根…½本
□ 小松菜…1束

このレシピで使う
調味料

しょうがチューブ　しょうゆ　酒
みりん　砂糖

この部分を写真に撮って、買い物にGO!

材料
レシピに必要な食材です。「パン粉」や「牛乳」など、必要だけど切らしているものがないかもここでチェック!

調味料
レシピに必要な調味料です。片栗粉や薄力粉など、調味料ではないけれど、いつも家にあるようなものも入っています。具体的な分量は「作り方」に記載があります。

調理時間 5分

定番ナムルを簡単に!
ほうれん草とひじき

熱湯バシャー

作り方 (2人分)

1 耐熱ボウルにほうれん草½袋を、ざるに乾燥ひじき大さじ1を入れて重ねる。(ⓐ)

2 1に熱湯を入れて5分置いたら、水気を絞って食べやすい大きさに切る。

3 ボウルに2とごま油小1、鶏ガラスープの素小½、塩小½、チューブにんにく2cm、白いりごま小1を入れてあえる。(ⓐ)

調理方法アイコン
3章はそのレシピに主に使う調理法のアイコンが入っています。アイコンの種類は4種類です。

熱湯バシャー　混ぜるだけ　レンチン　鍋だけ

1章

フライパン・鍋で
作るおかず

1章で登場する
手間と洗い物を減らす
主な調理テク・ポイント

その1　調理に使うフライパンで
下ゆで＆アク抜き

**ひき肉とポテトとしめじの
カレークリームグラタン
（P32）**

**にじままの筑前煮
（P36）**

**さばみそ大根
（P61）**

水の捨て方はP16

その2　ポリ袋で肉をこねて→成形まで

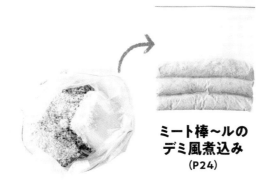

**ミート棒〜ルの
デミ風煮込み
（P24）**

**キャベツたっぷり
メンチカツ
（P26）**

他にも
- ピーマンの肉埋め（P30）
- なすのミートローフ（P38）など

その3 片栗粉・パン粉・下味はフライパンの中でつける

トマト油淋鶏
(P42)

ハニーレモンアボカドチキン
(P44)

プルコギ
(P48)

他にも
- 鶏むね肉の梅おろし煮 (P47)
- たけのこと豚肉の土佐煮 (P56)
- バーベキュースペアリブ (P57)
- バターチキンカレー (P63) など

その4 食品トレイも下ごしらえに活用

**フレッシュトマトソースの
ささみフライ**
(P34)

やわらかまるごとヒレかつ
(P55)

こんなに簡単なのに
おいしいおかずがすぐ完成！

調理時間
27
分

これだけできれば上出来！

平日の豚の角煮

買い物メモ

- ☐ 豚バラ肉（ブロック）…300g
- ☐ 大根…½本
- ☐ 小松菜…1束

このレシピ
で使う
調味料

しょうがチューブ　　しょうゆ　　酒

みりん　　砂糖

作り方 （2～3人分）

1

豚バラ肉　300g

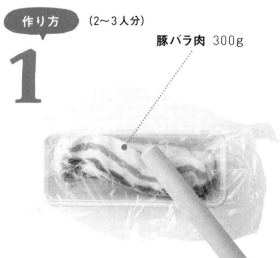

豚肉はラップをかぶせてめん棒などでたたく。

2

豚肉　1cm幅

A	
水　200㎖	
しょうがチューブ　4cm	
しょうゆ　大さじ4	
酒　大さじ4	
みりん　大さじ4	
砂糖　大さじ1	

大根
1cm厚さの半月切り

🔥🔥🔥 中火

フライパンに豚肉と大根、Ⓐを入れて火にかける。

3

沸いたら
ふたをして
20分

🔥🔥🔥 中火 ➡ 🔥🔥🔥 弱めの中火

沸いたら火を弱め、煮込む。

4

熱湯に
2分
ひたす

小松菜　まるごと

耐熱ボウルに小松菜を入れ、熱湯にひたす。冷水に取り、水気を切って食べやすい大きさに切り、角煮に添える。

ポイントは、豚肉を徹底的にたたくこと！　ごろっと大きめにカットした角煮もおいしいけど、煮込み時間がかかる……でも、たたいて1cm幅に切った豚肉なら20分煮込んだだけで完成！　時間がない平日でも作れますよ。

ミートボールは手で丸めなくてもできる！

ミート棒～ルの デミ風煮込み

フライパン・鍋

調理時間
16
分

買い物メモ

- ☐ 合いびき肉…300g
- ☐ 絹豆腐…1パック(150g)
- ☐ しめじ…1パック
- ☐ アボカド…1個
- ☐ パン粉…20g

このレシピ
で使う
調味料

塩・こしょう　　にんにくチューブ

トマトケチャップ　　ウスターソース

コンソメスープの素　　砂糖　　薄力粉

作り方 （2〜3人分）

1

合いびき肉　300g
塩・こしょう　各少々
にんにくチューブ　3㎝
絹豆腐　1パック
パン粉　20g

ポリ袋にひき肉、塩・こしょう、にんにく、豆腐、パン粉を入れて袋の上からこねる。

2

平らにならし、フライ返しなどで肉に2本筋を入れて、細長く分割する。

3

Ⓐ
にんにくチューブ　3㎝
トマトケチャップ　大さじ2
ウスターソース　大さじ2
コンソメスープの素　小さじ1
砂糖　小さじ1

沸いたら
ふたをして
10分

薄力粉　大さじ1　　　　しめじ　ほぐす
水　50㎖　🔥🔥🔥 弱めの中火

フライパンにⒶを入れて混ぜ、薄力粉と水を加えてさらに混ぜたら、**2**、しめじを加えて加熱する。

4

アボカド　2㎝角

🔥🔥🔥 弱めの中火

キッチンバサミで肉を一口大に切り、アボカドを加え、混ぜながら煮詰める。

アボカドは半分に切って種を取ったら、包丁で切り込みを入れて皮に沿って調理スプーンなどを入れてかき出すように取り出すとまな板が汚れませんよ〜！

革命的な作り方で革命的においしい

キャベツたっぷり メンチカツ

調理時間
15
分

買い物メモ

☐ キャベツ…⅛玉

☐ 豚ひき肉…350g

☐ 卵…1個

☐ 牛乳…50mℓ

☐ パン粉…40〜50g

このレシピ
で使う
調味料

塩・こしょう　　カレー粉

サラダ油　　トマトケチャップ

中濃ソース　　粒マスタード

作り方 （2〜3人分）

1

キャベツ　みじん切り
牛乳 50㎖
パン粉 20g

豚ひき肉 350g
塩・こしょう 各少々
カレー粉 小さじ½
卵 1個

ポリ袋にキャベツ、牛乳、パン粉を入れてなじませる。ひき肉、塩・こしょう、カレー粉、卵を加えてこねる。

2

平らにならし、8等分になるようにフライ返しなどで筋をつける。

3

パン粉 上下合わせて20〜30g

フライパンにパン粉を広げその上に**2**を入れたら、さらにパン粉を上にふる。

4

ソース（よく混ぜる）

トマトケチャップ 大さじ2
中濃ソース 大さじ2
粒マスタード 小さじ1

サラダ油
大さじ5〜6

 弱めの中火

パン粉をまぶしながら手で丸めたら、油を加えて中に火が通るまで両面揚げ焼きにする。混ぜ合わせたソースをかける。

肉だねを丸めてるうちにパン粉、消えた……？ってなるんですけど、揚げたらいい感じになるんで気にせず進めましょう！　ここはスピード感が大事です!!
パン粉と牛乳を多めに入れた、やわらかいタイプのメンチカツです。肉感を求めたいときはパン粉と牛乳を少なめにアレンジしてみて。

27

野菜たっぷりでかさ増し＆大満足の主菜に

なすとトマトの麻婆春雨

フライパン・鍋

買い物メモ

- ☐ 豚ひき肉…150g
- ☐ なす…2本
- ☐ トマト…1個
- ☐ 緑豆春雨…50g

このレシピ
で使う
調味料

ごま油　　にんにくチューブ　　片栗粉

塩・こしょう　　酒　　鶏ガラスープの素

しょうゆ　　みそ　　豆板醤チューブ

作り方 （2〜3人分）

1

ごま油　小さじ1
にんにくチューブ　3㎝
豚ひき肉　150g
片栗粉　大さじ1
塩・こしょう　各少々

🔥🔥🔥 中火

フライパンにごま油、にんにく、ひき肉、片栗粉、塩・こしょうを入れて炒める。

2

なす　縦半分にしてから斜め薄切り

🔥🔥🔥 中火

肉に火が通ったら端に寄せ、なすを加え炒める。

3

水　200㎖
酒　大さじ1
Ⓐ 鶏ガラスープの素　小さじ1
しょうゆ　小さじ1
みそ　小さじ1

沸いたら
ふたをして
7分

緑豆春雨　50g

🔥🔥🔥 中火 → 🔥🔥 弱火

油がなじんだら端に寄せ、空いたところにⒶと春雨を加える。沸いたら弱火にして加熱する。

4

トマト　くし形切り
豆板醤チューブ　3㎝

🔥🔥 弱火

全体を混ぜ、トマトと豆板醤を加え、さっと炒める。

1の工程で入れた片栗粉で、いい感じにとろみがつくので水溶き片栗粉不要！　トマトを加えることでさっぱりちゅるちゅる食べられるレシピです。

調理時間
15
分

フライパン・鍋

元祖！ 詰めないピーマンの肉詰め

ピーマンの肉埋め

買い物メモ

☐ 合いびき肉…300g
☐ 絹豆腐…1パック(150g)
☐ パン粉…20g
☐ ピーマン…5個
☐ まいたけ…1パック

このレシピ
で使う
調味料

塩・こしょう　　トマトケチャップ

焼肉のたれ　　砂糖

（2～3人分）

1

合いびき肉 300g
絹豆腐 1パック
パン粉 20g
塩・こしょう 各少々

ポリ袋にひき肉、豆腐、パン粉、塩・こしょうを入れてよくこねる。

2

ラップの上に肉を広げ、細長く成形する。

3

ピーマン 縦半分に切り、へたと種を取る　　**まいたけ** ほぐす

肉に焼き色がついたらふたをして **10分**

🔥🔥🔥 弱めの中火

フライパンに2等分の長さにした **2** をのせ、上からピーマンを埋め、まいたけを加え加熱する。

4

トマトケチャップ 大さじ2
Ⓐ **焼肉のたれ** 大さじ2
砂糖 小さじ1

🔥🔥🔥 弱めの中火

ピーマンの肉埋めをフライ返しで切り分けながら取り出し、Ⓐを加えて煮詰め、器に盛った肉埋めにかける。

ピーマンを埋め込む工程は、
子どものお手伝いにも♪
ピーマンの中に肉がみっちり詰まるように、
ぎゅっと押しつけるのがコツです。

フライパンで作るお手軽グラタン

ひき肉とポテトとしめじの カレークリームグラタン

調理時間 **20**分

買い物メモ

- ☐ じゃがいも…2個
- ☐ ほうれん草…1束
- ☐ しめじ…1パック
- ☐ 合いびき肉…200g
- ☐ 牛乳…150mℓ
- ☐ ピザ用チーズ…100g

このレシピ で使う 調味料

塩・こしょう

バター　　薄力粉

コンソメスープの素

カレー粉

作り方 （2〜3人分）

1

ほうれん草
4cm長さ

水
ひたひたくらい

じゃがいも
1cm厚さの輪切り 🔥🔥🔥 **中火**

フライパンにじゃがいも、ほうれん草、水を入れてゆでる。じゃがいもに火が通ったら水を捨て、水分を飛ばす。

2

しめじ ほぐす

合いびき肉
200g

塩・こしょう
各少々 🔥🔥🔥 **中火**

1を端に寄せて空いたところにひき肉、しめじ、塩・こしょうを入れて炒める。

3

バター 10g
薄力粉 大さじ2
牛乳 150mℓ

🔥🔥 **弱火**

肉の色が半分くらい変わったら端に寄せて、あいたところにバターと薄力粉を入れて全体を混ぜる。牛乳を加えてとろみがつくまで混ぜる。

4

塩 適量
コンソメスープの素 小さじ½

カレー粉 小さじ1
ピザ用チーズ
100g

ふたをして
チーズが
とけるまで

🔥🔥🔥 **弱めの中火**

塩、コンソメ、カレー粉を加えて混ぜ、チーズをのせて加熱する。

このレシピはワンパンのグラタンですが、
お好みでチーズをのせたあとにトースターやオーブンで
加熱して焼き色をつけてもおいしいですよ〜！ その場合、
ハンドルが取れてオーブンOKのフライパンを使うと◎

33

フライパン・鍋

野菜のソースがヘルシー

フレッシュトマトソースの ささみフライ

調理時間
14
分

買い物メモ

□ 鶏ささみ…6本
□ パン粉…30g
□ トマト…1個
□ にんじん…¼本
□ 玉ねぎ…¼個

このレシピ で使う **調味料**

マヨネーズ　　サラダ油

トマトケチャップ　　コンソメスープの素

砂糖　　塩

（2〜3人分）

1

マヨネーズ　大さじ1

鶏ささみ
6本

ささみは全体にマヨネーズをまぶす。

2

パン粉　30g

サラダ油
大さじ5〜6

🔥🔥🔥 弱めの中火

フライパンの中で**1**にパン粉をまぶしたら、
油を加えて加熱する。

3

🔥🔥🔥 弱めの中火

焼き色がついたら裏返し、火が通るまで焼
き、取り出す。

4

にんじん　みじん切り
玉ねぎ　みじん切り

トマト
粗みじん切り

トマトケチャップ
大さじ1
コンソメスープの素
小さじ1
砂糖　小さじ1
塩　適量

Ⓐ

🔥🔥🔥 中火

フライパンをきれいにして、トマト、にんじ
ん、玉ねぎ、Ⓐを加えてお好みの加減まで火
を通してソースを作り、**3**とともに器に盛る。

「ささみフライ」と言いつつ、フレッシュトマトソースを
添えることで家族に野菜を食べてもらうためのレシピです(笑)。
ささみの筋は、私は取らなくても気になりませんが、
気になる方は取ってから調理してくださいませ！

調理時間
25分

フライパン・鍋

飾り切り、しなくてもいいよ〜!

にじままの筑前煮

買い物メモ

- ☐ ごぼう…1本
- ☐ れんこん…1節
- ☐ にんじん…1本
- ☐ たけのこ水煮…1パック
- ☐ こんにゃく…½枚（アク抜き不要のもの）
- ☐ 鶏もも肉…1枚
- ☐ しいたけ…6個

このレシピで使う**調味料**

サラダ油　　しょうゆ

酒　　みりん

和風だしの素

作り方 （2〜3人分）

1

れんこん　乱切り

水　適量

ごぼう　乱切り

フライパンにごぼう、れんこん、水を入れてアク抜き（3分ほど）をする。

2

にんじん　乱切り

たけのこ
一口大

こんにゃく
ちぎる

サラダ油
大さじ2

🔥🔥🔥 中火

水を捨て、にんじん、たけのこ、こんにゃく、油を入れて炒める。

3

鶏もも肉　一口大

🔥🔥🔥 中火

全体に油が回ったら**2**を端に寄せ、鶏肉を加えて表面の色が変わるまで炒める。

4

しいたけ
軸を取る

Ⓐ
水　200㎖
しょうゆ　大さじ2
酒　大さじ2
みりん　大さじ2
和風だしの素　小さじ1

沸いたら
ふたをして
10分

🔥🔥🔥 中火 → 🔥🔥 弱火

しいたけ、Ⓐを入れて沸いたら弱火にして煮込む。10分たったら、ふたを取り煮詰め、みりん大さじ1（分量外）を加えてひと煮立ちさせる。

フォロワーさんにレシピのリクエストを募ると、たいてい定番料理がよく集まります。
筑前煮もそのうちの一つでした！

手を汚さずにお肉やわらか

なすのミートローフ

フライパン・鍋

買い物メモ

☐ 合いびき肉…300g
☐ パン粉…20g
☐ 牛乳…50㎖
☐ 卵…1個
☐ 長なす…1本

このレシピ
で使う
調味料

塩・こしょう　　サラダ油

ポン酢しょうゆ　　ウスターソース

オリーブオイル　　砂糖

作り方 （2〜3人分）

1

パン粉　20g
牛乳　50mℓ
合いびき肉　300g
卵　1個
塩・こしょう　各少々

ポリ袋にパン粉と牛乳を入れて揉み、パン粉をふやかしたら、ひき肉、卵、塩・こしょうを加えてこねる。

2

なす　縦薄切り

サラダ油
小さじ1

フライパンに油を引き、なすを全体に敷き詰める。

3

ふたをして
15分

🔥🔥🔥 弱めの中火 → 🔥🔥 弱火

1を手前にのせて端からなすで包み、焼く。7分たったら弱火にする。

4

Ⓐ
ポン酢しょうゆ　大さじ1
ウスターソース　大さじ1
オリーブオイル　小さじ1
砂糖　小さじ1

🔥🔥🔥 中火

フライパンをきれいにして、Ⓐを入れてひと煮立ちさせ、食べやすい大きさに切った**3**にかける。

4の工程では、肉汁を拭き取ってフライパンをきれいにしてからⒶを入れることで、濃厚なソースに仕上がります！　ひと手間だけど、ぜひフライパンを拭き取ってから作ってみてください。

台湾ごはんも10分で完成

スピード魯肉飯
ルーローハン

調理時間
10分

買い物メモ

- ☐ 豚バラ肉（焼肉用）…300g
- ☐ チンゲン菜…3株
- ☐ にんじん…½本
- ☐ 卵…2個
- ☐ 温かいご飯…2〜3人分

このレシピ
で使う
調味料

にんにくチューブ　　しょうがチューブ

塩・こしょう　　酒　　みりん

しょうゆ　　オイスターソース　　はちみつ

作り方 （2〜3人分）

1

豚バラ肉 1.5cm幅
にんにくチューブ 3cm
しょうがチューブ 3cm
塩・こしょう 各少々

🔥🔥🔥 中火

フライパンに豚肉、にんにく、しょうがを
入れ、塩・こしょうをふり炒める。

2

にんじん せん切り　　　**チンゲン菜**
　　　　　　　　　　　　　　　根本を切る

🔥🔥🔥 中火

肉の色が変わってきたら端に寄せ、空いた
ところにチンゲン菜とにんじんを入れ、炒
める。

3

酒 大さじ2		
みりん 大さじ2		
Ⓐ **しょうゆ** 大さじ1		
オイスターソース 小さじ1		
はちみつ 小さじ1		

🔥🔥🔥 弱めの中火

肉の上にⒶを加えて混ぜながら炒める。

4

ふたをして
お好みの卵
の固さまで

卵
2個

🔥🔥🔥 弱めの中火

3を端に寄せ、空いたところに卵を割り入
れ、焼く。温かいご飯の上に盛り付ける。

魯肉飯は、豚バラブロックを細長く切って作るのですが
「もーブロック肉切るのは無理やわ！　勘弁！」という日に
ぜひ作ってみてください。焼肉用の豚バラなら、
キッチンバサミで切れて簡単だし、
火の通りも早いし、お肉もブロックより硬くなりにくいです！

さっくり鶏肉とトマトの相性抜群

トマト油淋鶏
ユーリンチー

フライパン・鍋

調理時間
13
分

買い物メモ

- ☐ 鶏むね肉…1枚
- ☐ トマト…1個

このレシピで使う調味料

塩　　ごま油　　片栗粉

サラダ油　　にんにくチューブ

しょうがチューブ　　しょうゆ　　砂糖

42

（2〜3人分）

1

鶏むね肉 皮を取る
にんにくチューブ 3㎝
しょうがチューブ 3㎝
塩 少々
ごま油 少々

ラップを広げ、鶏肉をのせる。鶏肉の上に、にんにく、しょうが、塩、ごま油をのせ、上からラップをかけ、めん棒などでしっかりたたく。

2

片栗粉 大さじ1　　**サラダ油** 大さじ4

🔥🔥🔥 中火

フライパンに**1**を入れて、片栗粉をまぶし、油を加えて焼く。

3

🔥🔥🔥 弱めの中火

焼き色がついたら裏返し、火が通るまで焼く。食べやすい大きさに切り、混ぜ合わせたトマトソースをかける。

トマトソース（よく混ぜる）

トマト 粗みじん切り
にんにくチューブ 3㎝
しょうがチューブ 3㎝
しょうゆ 大さじ1
砂糖 小さじ2
ごま油 小さじ2

鶏むね肉は、思っているより徹底的にたたくのが◎。平らにすることで火の通りも早くなり、やわらかな仕上がりになります。

レモン風味がさわやかでうまぁ!

ハニーレモンアボカドチキン

買い物メモ

☐ 鶏むね肉…1枚
☐ アボカド…1個

このレシピで使う調味料

塩・こしょう　　片栗粉　　サラダ油

マヨネーズ　　レモン汁　　はちみつ　　みりん

調理時間 **9**分

作り方 （2〜3人分）

鶏むね肉
一口大のそぎ切り

塩・こしょう 各少々
片栗粉 大さじ1
サラダ油 大さじ2

Ⓐ
マヨネーズ 小さじ1
レモン汁 小さじ1
はちみつ 小さじ1
みりん 小さじ1

アボカド
2cm角

1
●●● 中火

フライパンに鶏肉を入れ、塩・こしょうと片栗粉をまぶし、油を加えて焼く。

2
●●● 弱めの中火

焼き色がついたら裏返して余分な油を拭き取り、火が通るまで焼く。

3

Ⓐを加えて混ぜ、アボカドを入れて混ぜ合わせる。

44

おうちで楽しめるフライパン焼き鳥

にじままの焼き鳥

買い物メモ

☐ 鶏もも肉 … 1枚

☐ 長ねぎ … 1本

このレシピで使う調味料

塩・こしょう　　サラダ油　　片栗粉

しょうゆ　　砂糖　　みりん　　和風だしの素

調理時間
11
分

作り方 （2〜3人分）

水 150㎖
片栗粉 大さじ1
しょうゆ 大さじ1
Ⓐ
砂糖 小さじ1
みりん 小さじ1
和風だしの素 小さじ1/2

長ねぎ 3㎝長さ　　**塩・こしょう** 各少々
サラダ油 大さじ1

鶏もも肉
一口大

1 ●●●● 強火

フライパンに、鶏肉、長ねぎを入れ、塩・こしょうをふり、油を加えて強火で焼く。

2

焼き色がついたら火を止め、**1**を端に寄せて空いたところにⒶを入れる。

3 ●●● 中火

再び火にかけ、全体を混ぜ、たれが煮詰まったら串に刺し、お好みで七味とうがらしを添える。

カレールウで味付け失敗知らず！

カレーチーズチキン

フライパン・鍋

買い物メモ

☐ 鶏もも肉…2枚　　☐ カレールウ…2かけ

☐ じゃがいも…2個　☐ ピザ用チーズ
　　　　　　　　　　　…お好みの量

このレシピ
で使う
調味料

オリーブオイル

塩・こしょう

調理時間
18
分

作り方　（2〜3人分）

オリーブオイル
大さじ1

じゃがいも
1cm厚さの輪切り

塩・こしょう
各少々

鶏もも肉　皮目を下

カレールウ
2かけ

ふたをして
15分

チーズ　お好みの量

1

フライパンにオリーブオイルを引き、じゃがいもを入れて塩・こしょうをふる。

2

🔥🔥🔥中火 → 🔥🔥弱火

じゃがいもを端に寄せて鶏肉を入れる。鶏肉の上にルウをのせ、焼く。皮目とじゃがいもに焼き色がついたら弱火にしてふたをする。

3

🔥🔥🔥弱めの中火

鶏肉を裏返し、ルウを全体になじませ、鶏肉の上にチーズをのせる。加熱しながらチーズをとかし、鶏肉を食べやすい大きさに切る。

家計の救世主・鶏むねで絶品

鶏むね肉の梅おろし煮

買い物メモ

- ☐ 鶏むね肉…1枚
- ☐ 大根…¼本
- ☐ 長ねぎ…½本
- ☐ 梅干し…2〜3個

このレシピで使う調味料

片栗粉　　サラダ油　　しょうがチューブ

しょうゆ　　酒　　みりん

調理時間 **13**分

作り方　（2〜3人分）

鶏むね肉　一口大のそぎ切り
片栗粉　大さじ1
サラダ油　大さじ2

大根　おろす　　**梅干し**　種を取りたたく

長ねぎ　みじん切り

A
水　100㎖
しょうがチューブ　3㎝
しょうゆ　大さじ2
酒　大さじ2
みりん　大さじ2

1
♨♨♨ 弱めの中火

フライパンに鶏肉を入れて片栗粉をまぶし、油を入れて焼く。

2
♨♨♨ 弱めの中火

焼き色がついたら裏返し、大根、長ねぎ、梅干し、**A**を入れて鶏肉に火が通るまで煮込む。お好みで小口切りにした長ねぎをのせる。

47

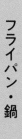

フライパン・鍋

甘辛でご飯にも合う〜！

プルコギ

買い物メモ

- ☐ 牛こま切れ肉…200g
- ☐ にんじん…½本
- ☐ 玉ねぎ…½個
- ☐ 小松菜…½束

このレシピで使う**調味料**

にんにくチューブ　しょうゆ　酒

みりん　砂糖

コチュジャンチューブ

調理時間

10分

作り方　（2〜3人分）

牛こま切れ肉　200g

A
- **にんにくチューブ**　3cm
- **しょうゆ**　大さじ2
- **酒**　大さじ2
- **みりん**　大さじ2
- **砂糖**　大さじ1

にんじん　半月切り
玉ねぎ　薄切り
小松菜　4cm長さ

コチュジャンチューブ　5cm

ふたをして
7分

1

フライパンに牛肉、**A**を入れて混ぜる。

2

🔥🔥🔥 弱めの中火

1に、にんじん、玉ねぎ、小松菜を入れて全体を混ぜたらコチュジャンをのせて加熱する。お好みで白いりごまをかける。

玉ねぎみじん切りなし、肉もこねない！
めんどくさい日の ひき肉バーグ

調理時間
15分

買い物メモ

- □ 合いびき肉…300g
- □ 玉ねぎ…1個
- □ プレーンヨーグルト(無糖)
  …大さじ2

このレシピで使う調味料

サラダ油　　塩・こしょう

にんにくチューブ

トマトケチャップ

> にんにくチューブ　3cm
> トマトケチャップ　大さじ2
> Ⓐプレーンヨーグルト(無糖)
> 大さじ2
> 塩　少々

作り方　（2～3人分）

玉ねぎ　1cm厚さの輪切り
塩・こしょう　各適量
サラダ油　小さじ1
合いびき肉　300g

ふたをして **10分**

1

フライパンに玉ねぎを広げ、塩・こしょうをふる。油を回し入れ、ひき肉をのせて玉ねぎに貼り付けるようにして、再び塩・こしょうをふる。

2
🔥🔥🔥中火 → 🔥🔥弱火

中火で玉ねぎに焼き色がついたら弱火にして蒸し焼きにする。

3

余分な汁気を拭き取り、皿をかぶせて器に盛る。Ⓐを混ぜ合わせてかける。お好みで乾燥パセリをふる。

49

フライパン・鍋

ほったらかしで完成のほっとするおかず

白菜そぼろあん

買い物メモ

☐ 白菜…¼玉
☐ 豚ひき肉…200g

このレシピで使う調味料
サラダ油　塩・こしょう　酒
めんつゆ（2倍濃縮）　しょうゆ　片栗粉

調理時間
13分

作り方 （2〜3人分）

サラダ油 小さじ1

白菜　ざく切り
豚ひき肉　200g
塩・こしょう　各少々
酒　大さじ1

1

フライパンに油を引き、白菜、ひき肉、塩・こしょう、酒の順に入れる。

水　200㎖
めんつゆ（2倍濃縮）　大さじ3
しょうゆ　大さじ1
片栗粉　大さじ1

Ⓐ

ふたをして弱火で**10分**

2

🔴🔴🔴中火 → 🔴🔴弱火

火にかけて、ふつふつしてきたら弱火にして蒸し焼きにする。**1**を端に寄せ、空いたところにⒶを入れて混ぜる。

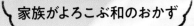
家族がよろこぶ和のおかず
牛バラ大根

買い物メモ

- ☐ 牛バラ肉(薄切り)…200g
- ☐ 玉ねぎ…½個
- ☐ 大根…¼本
- ☐ 焼き豆腐…1丁

このレシピで使う調味料

サラダ油　　にんにくチューブ
しょうがチューブ　　砂糖　　しょうゆ
酒　　みりん　　和風だしの素

調理時間
15分

作り方 （2〜3人分）

A
水　50㎖
砂糖　大さじ2
しょうゆ　大さじ2
酒　大さじ2
みりん　大さじ2
和風だしの素　小さじ½

玉ねぎ
薄切り

大根 5㎜厚さの
いちょう切り

サラダ油 大さじ1
にんにくチューブ
3㎝
しょうがチューブ
3㎝
牛バラ肉
一口大

焼き豆腐
一口大

ふたをして
10分

1
💧💧💧 中火

フライパンに油を引き、玉ねぎ、大根、にんにく、しょうがを入れて炒める。

2
💧💧💧 中火

油が回ったらフライパンの端に寄せ、空いたところに牛肉、Aを入れ、肉の色が変わったらほぐす。

3
💧💧💧 中火

大根に火が通ったら、焼き豆腐を加えてひと煮立ちさせる。お好みで小口切りにした長ねぎをのせる。

キャベツを巻いて
食べてもおいしい

豚のしょうが焼き

買い物メモ

☐ 豚ロース肉
（しょうが焼き用）… 5枚

☐ 玉ねぎ… 1/2個

このレシピ
で使う
調味料

サラダ油　しょうがチューブ

砂糖　しょうゆ　酒　みりん

調理時間
8分

作り方 （2～3人分）

玉ねぎ　薄切り
サラダ油
大さじ1

A
しょうがチューブ 5cm
砂糖 大さじ2
しょうゆ 大さじ2
酒 大さじ2
みりん 大さじ2

豚ロース肉　広げて入れる

1
💧💧💧 中火

フライパンに玉ねぎと油を入れて
炒める。油が回ったら**A**を加えて
炒める。

2
💧💧💧 中火

玉ねぎがしんなりしたら豚肉を上
にのせる。

3
💧💧💧 中火

肉の色が変わったら、裏返して全
体を混ぜながら炒める。

最小限の材料と調味料なのにうまっ！

豚肉のパリパリチーズ焼き

買い物メモ

- ☐ 豚こま切れ肉…250g
- ☐ ブロッコリー…½個
- ☐ ピザ用チーズ…60g

このレシピで使う**調味料**

塩・こしょう　薄力粉

にんにくチューブ

調理時間 **10**分

作り方 （2～3人分）

ブロッコリー　小房に分ける

豚こま切れ肉 250g

塩・こしょう 各少々
水 大さじ1

薄力粉　大さじ1
にんにくチューブ　3㎝
ピザ用チーズ　60g

ふたをして **7**分

1

フライパンに豚肉、ブロッコリー、塩・こしょう、水を入れる。

2

🔥🔥🔥 弱めの中火

蒸し焼きにして、肉の色が変わってきたら途中で肉をほぐす。

3

🔥🔥🔥 弱めの中火 → 🔥🔥🔥🔥 強火

薄力粉、にんにく、チーズを加えて混ぜる。平らにして強火で焼き色をつける。ゆすりながら器をかぶせて取り出す。

53

めっちゃ簡単なのに豪華に見える！

豚肉のデミ風煮込み

フライパン・鍋

調理時間 **40**分

買い物メモ

- ☐ 豚肩ロース肉（ブロック）
  …400g（今回は200gのもの2枚）
- ☐ 玉ねぎ…1個
- ☐ にんじん…1本

このレシピで使う調味料

にんにくチューブ　バター　塩・こしょう

赤ワイン　トマトケチャップ　ウスターソース

砂糖　しょうゆ　みりん

作り方 （2〜3人分）

バター
10g

にんにくチューブ
5cm

豚肩ロース肉　400g
塩・こしょう　各少々

にんじん
縦2等分

玉ねぎ
4等分

A	赤ワイン　50ml	砂糖　大さじ1
	トマトケチャップ　大さじ3	しょうゆ　大さじ1
	ウスターソース　大さじ2	みりん　大さじ1

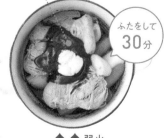

ふたをして
30分

1 🔥🔥🔥 中火

鍋にバターとにんにくを熱し、豚肉を入れ、塩・こしょうをふり、焼く。

2 🔥🔥🔥 中火

全面に焼き色がついたら、玉ねぎとにんじんを加えて焼き色をつける。

3 🔥🔥 弱火

Aを加えて煮込み、30分たったらふたを取って煮詰め、食べやすい大きさに豚肉を切る。お好みできざんだパセリをかける。

54

肉を常温に戻しておくのが最大のコツ！

やわらかまるごとヒレかつ

買い物メモ

☐ 豚ヒレ肉（ブロック）・・・400g
　（今回は200gのもの2個）

☐ パン粉・・・15g

このレシピで使う調味料

塩・こしょう　　薄力粉　　マヨネーズ

サラダ油　　トマトケチャップ

中濃ソース　　粒マスタード

調理時間 **20**分

作り方　（2〜3人分）

豚ヒレ肉　常温に戻す
塩・こしょう　各少々
薄力粉　小さじ1
マヨネーズ　大さじ1

1

豚肉に塩・こしょうをふり、薄力粉、マヨネーズの順にまぶす。

パン粉　15g

2

フライパンに**1**を入れ、パン粉をまぶす。

トマトケチャップ　大さじ2
Ⓐ 中濃ソース　大さじ2
　粒マスタード　小さじ1

サラダ油
150㎖

約7分焼いて取り出し10分置く

3

🔥🔥🔥 弱めの中火

油を加えて火にかけ、全面きつね色になるまで揚げ焼きにする。取り出して、余熱で火を通す。混ぜ合わせたⒶを添える。

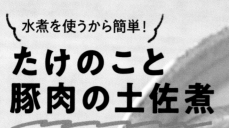

水煮を使うから簡単！

たけのこと 豚肉の土佐煮

買い物メモ

- ☐ **豚バラ肉**（薄切り）… 200g
- ☐ **たけのこ水煮**… 1パック
- ☐ **スナップえんどう**… 1パック

このレシピで使う **調味料**

塩・こしょう　しょうがチューブ

しょうゆ　酒　みりん

砂糖　削り節

調理時間 **15**分

作り方　（2〜3人分）

豚バラ肉
3㎝長さ

塩・こしょう 各少々
しょうがチューブ 3㎝

たけのこ
一口大

スナップえんどう
筋を取る

A
しょうゆ 大さじ2
酒 大さじ2
みりん 大さじ2
砂糖 小さじ1

削り節
1パック
(2.5g)

1
🔥🔥🔥 中火

フライパンに豚肉、塩・こしょう、しょうがを入れて炒める。

2
🔥🔥🔥 中火

肉の色が変わったら、たけのことスナップえんどうを加えて炒め、余分な油を拭き取る。

3
🔥🔥🔥 中火

Aを入れて軽く煮詰め、削り節を加えて混ぜる。お好みで白いりごまをかける。

キャンプやアウトドアにも！

バーベキュースペアリブ

買い物メモ

- ☐ 豚スペアリブ… 500g
- ☐ 玉ねぎ… 1個

**このレシピ
で使う
調味料**

塩・こしょう　　にんにくチューブ

トマトケチャップ　　ウスターソース

はちみつ

調理時間

25
分

作り方　（2〜3人分）

Ⓐ
水　150ml
トマトケチャップ　大さじ2
ウスターソース　大さじ2
はちみつ　大さじ1

約20分

豚スペアリブ
500g

塩・こしょう　各少々
にんにくチューブ　5cm

玉ねぎ　4等分

1

フライパンに豚肉を入れ塩・こしょうをふり、にんにくをまぶす。

2 🔥🔥🔥 中火

玉ねぎを加えて火にかけ、全面に焼き色をつける。

3 🔥🔥🔥 中火

Ⓐを加えて、時々返しながら煮込む。

フライパン・鍋

某イタリアンファミレス風

うま辛チキン

買い物メモ

☐ 鶏手羽中…12本

このレシピで使う調味料

にんにくチューブ　　しょうがチューブ　　トマトケチャップ

コチュジャンチューブ　　鶏ガラスープの素

豆板醤チューブ　　塩・こしょう　　片栗粉　　サラダ油

作り方

（2〜3人分）

A
- にんにくチューブ　3cm
- しょうがチューブ　3cm
- トマトケチャップ　大さじ1
- コチュジャンチューブ　3〜4cm
- 鶏ガラスープの素　小さじ1
- 豆板醤チューブ　5cm
- 塩・こしょう　各少々

片栗粉　大さじ2〜3

サラダ油　大さじ2

調理時間

10分

1

ポリ袋に鶏肉と**A**を入れて揉み込む。

2

フライパンに**1**を入れて片栗粉をまぶす。

3

🔥🔥🔥 中火

油を加え全面焼く。焼き色がついたら余分な油を拭き取り、火が通るまで焼く。

{ 魚が苦手な子どもでも!

お魚ナゲット

買い物メモ

- ☐ 白身魚 (カレイなど。骨取りのものがおすすめ) … 3〜4切れ
- ☐ 卵 … 1個
- ☐ 青じそ … 2枚
- ☐ 牛乳　大さじ1

このレシピ で使う 調味料

塩・こしょう

サラダ油

薄力粉

調理時間

13
分

 作り方　(2〜3人分)

1

白身魚　骨と皮を取る
塩・こしょう　各少々

サラダ油
大さじ2

◆◆◆ 中火

フライパンに油、白身魚、塩・こしょうを入れて火が通るまで焼く。

2

牛乳　大さじ1
卵　1個
薄力粉　大さじ4
青じそ　せん切り

火を止めて、牛乳、卵、薄力粉、青じその順に入れて魚をほぐしながら混ぜる。

3

成形
フライパンのフチを
使いながら調理スプーンなどで

サラダ油
大さじ2

◆◆◆ 中火

フライパンの上で小判型に成形する。油を加えて火にかけ、焼き色がつくまで両面焼く。お好みでケチャップとマヨネーズを同量合わせたソースを添える。

蒸すだけで簡単&ヘルシー

白身魚の中華あんかけ

買い物メモ

- ☐ タラ…3切れ
- ☐ もやし…1袋
- ☐ 小松菜…½束
- ☐ にんじん…½本

このレシピで使う調味料　塩　酒　しょうゆ　片栗粉　鶏ガラスープの素

調理時間
10分

作り方　（2〜3人分）

小松菜 3cm長さ
にんじん せん切り
もやし

タラ 3切れ
塩 適量
酒 大さじ2

ふたをして **5**分

A
水 150ml
しょうゆ 大さじ1
片栗粉 大さじ1
鶏ガラスープの素 小さじ1½

魚はタラ以外にも
そのとき旬の切り身に
してもおいしいよ!

1

◆◆◆ 中火

フライパンにもやし、小松菜、にんじん、タラ、塩、酒を入れ、蒸し焼きにする。

2

◆◆◆ 弱めの中火

1をフライパンの端に寄せて火を止め、**A**を入れてその場で混ぜる。火をつけてとろみがついたら全体を混ぜる。

{ サバと濃厚な煮汁が大根に合う〜！ }

さばみそ大根

買い物メモ

- ☐ 真サバ…3切れ
- ☐ 大根…¼本

（このレシピで使う調味料）

しょうがチューブ	酒
めんつゆ（2倍濃縮）	みりん
砂糖	みそ

調理時間 **15** 分

作り方 （2〜3人分）

A
しょうがチューブ 3cm	みりん 大さじ2
酒 大さじ3	砂糖 大さじ1
めんつゆ（2倍濃縮） 大さじ2	みそ 大さじ1

大根
1cm厚さの
輪切り

水
大根がかぶるくらい

真サバ 皮目を上

ふたをして **5**分

1
🔥🔥🔥 中火

フライパンに大根と水を入れてゆでる。

2

大根に火が通ったら湯を捨てて端に寄せ、**A**を入れて混ぜる。

3
🔥🔥🔥 弱めの中火

Aがひと煮立ちしたら、サバを加え加熱する。サバを取り出し、煮汁を煮詰めてかける。

フライパン・鍋

罪悪感少なめのカルボナーラレシピ

白菜カルボナーラ

買い物メモ

- ☐ 白菜…¼玉
- ☐ ベーコン（厚切り）…100g
- ☐ 卵…1個
- ☐ 牛乳…150㎖

このレシピで使う調味料

オリーブオイル　塩・こしょう

にんにくチューブ　粉チーズ

黒こしょう

調理時間
15分

作り方 （2〜3人分）

オリーブオイル
小さじ1

白菜　縦2等分
ベーコン　1㎝幅
塩・こしょう　各少々

ふたをしてしんなりするまで

牛乳　150㎖
卵　1個
にんにくチューブ　3㎝
塩　少々
Ⓐ

1

🔥🔥🔥 弱めの中火

フライパンにオリーブオイルを引き、白菜、ベーコン、塩・こしょうを入れて焼く。焼き色がついたら、しんなりするまで蒸し焼きにする。

2

火を止めて**1**をフライパンの端に寄せ、空いたところに牛乳、卵、にんにく、塩を入れる。

3

🔥🔥 弱火

Ⓐをその場で混ぜながら加熱し、卵の白身が固まり始めたら火を止め、さらに混ぜる。とろみがついたら全体を混ぜる。仕上げに粉チーズと黒こしょうをかける。

混ぜる→煮る→混ぜるだけでこんなにうまい！

バターチキンカレー

調理時間
20分

買い物メモ

- □ 鶏もも肉… 1枚
- □ プレーンヨーグルト（無糖）… 200g
- □ 玉ねぎ… ½個
- □ にんじん… ½本
- □ 赤パプリカ… ½個
- □ カットトマト缶… ½缶
- □ カレールウ… 2かけ
- □ 牛乳… 50㎖

このレシピで使う調味料

塩・こしょう
にんにくチューブ
しょうがチューブ
バター　砂糖

作り方 （2〜3人分）

プレーンヨーグルト
200g

塩・こしょう　各少々
にんにくチューブ　3㎝
しょうがチューブ　3㎝

鶏もも肉
一口大

パプリカ
細切り

トマト缶
½缶

バター　10g
カレールウ　2かけ

玉ねぎ みじん切り

にんじん
みじん切り

ふたをして
15分

牛乳　50㎖
砂糖　大さじ1

1

フライパンに鶏肉、塩・こしょう、にんにく、しょうが、ヨーグルトを入れて混ぜる。

2

🔥🔥🔥 弱めの中火

1に玉ねぎ、にんじん、パプリカ、トマト缶、バター、ルウを入れ時々混ぜながら煮込む。

3

🔥🔥🔥 中火

ふたを取って煮詰め、牛乳と砂糖を入れて混ぜる。

食べごたえ抜群おかず
大根の坦々風煮込み

買い物メモ

- ☐ 豚ひき肉…200g
- ☐ 大根…½本
- ☐ ニラ…½束

このレシピで使う調味料

にんにくチューブ　しょうがチューブ　ごま油

酒　みりん　白すりごま　しょうゆ

みそ　鶏ガラスープの素　豆板醤チューブ

作り方 （2〜3人分）

A		
水　200㎖	しょうゆ　大さじ1	
酒　大さじ2	みそ　大さじ1	
みりん　大さじ2	鶏ガラスープの素　小さじ1	
白すりごま　大さじ1	豆板醤　小さじ1	

調理時間 15分

大根
5mm厚さの
いちょう切り

にんにくチューブ 3㎝
しょうがチューブ 3㎝
ごま油 小さじ1

豚ひき肉
200g

ニラ
4㎝長さ

ふたをして沸騰してから **10分**

1　🔥🔥🔥 中火

フライパンに大根、ひき肉、にんにく、しょうが、ごま油を入れて炒める。

2　🔥🔥🔥 弱めの中火

油が回ったら🅐を加える。沸騰したらそのまま10分煮る。

3　🔥🔥🔥 中火

大根に火が通ったら煮詰め、ニラを加えて混ぜる。お好みで小口切りの赤とうがらしをのせる。

冷やし野菜がするする食べられる
冷やしおでん

買い物メモ

☐ 大根…⅓本
☐ オクラ…1パック
☐ なす…2本
☐ トマト…1個
☐ ベーコン（厚切り）…100g

このレシピ
で使う
調味料

白だし　酒

オイスターソース　砂糖

調理時間

20分

作り方 （2〜3人分）

Ⓐ
水　500㎖
白だし　大さじ3
酒　大さじ1
オイスターソース　小さじ1
砂糖　小さじ1

沸騰
してから
15分

オクラ
袋ごと洗う

ベーコン
1㎝幅

トマト
まるごと

なす
皮をむく

大根
1㎝厚さの輪切り

ふたを
する

1
♦♦♦ 弱めの中火

鍋に大根、なす、オクラ、トマト、ベーコン、Ⓐを入れてふたをして火にかける。

トマト
皮をむく

2
♦♦♦ 弱めの中火

沸騰したらそのまま煮込み、トマトの皮をむく。粗熱が取れたら冷蔵庫で冷やす。

あなたはなぜ
料理をしたいですか?

　昨今はとても便利な時代で、調理家電、UberEats、安価でおいしい外食、ミールキット、お惣菜、レトルトや冷凍食品、料理をしなくていい理由はこの世に山ほどあります。そんな中、なんで手間も時間もかかる料理を選ぶのか？　その方がおいしいから？節約になるから？　一概にはそうとも言えないのがこの時代ですよね。その答えはあなた自身の中にあります。どんな答えだって正解ですから、ぜひご自分の心に問いかけてみてください。

　私が料理をする理由は、家族とのごはんの時間を作り、家族みんなで食卓を囲む、幸せな時間を過ごしたいからです。その時間を自分が作りたいからです。私が幼少期、父は夜勤のある仕事で、母はパートで働いていました。母は父が帰ってくる日の夕飯は、唐揚げやかき揚げを山盛り揚げてくれたりして（かき揚げは子どもの頃はそんなに好きでもなかったですが 笑）、父と母と兄の家族4人で囲む食卓が好きでした。子どもの頃の家族の思い出ってなに？と聞かれたら、真っ先にその夕飯の時間が思い浮かびます。母は料理がとても得意かと言われればそうでもなかったかかもしれませんが、一生懸命に作っていた母の姿は今でも忘れられません。家族の食卓の思い出は、そんな母が作ってくれていたのです。私は、いつか結婚したら、いつか子どもができたら、母のようになりたいと思っていましたし、今でもそうなりたいと思って日々を過ごしています。

　私は、料理は自分も家族も幸せにしてくれるものだと信じています。自分が一生懸命作ったものが、自身の健康にもつながりますし、家族がおいしい！と言って食べてくれたら、もっと嬉しいですよね。忙しい日々で料理への義務感でしんどくなったり、うまくいかない日があったりもしますが、ぜひ自分の描く理想を持って、自分を犠牲にすることなく、誰と比較することもなく、自分も家族も幸せにする料理をしてほしいなと思っています。

オムレツのソース6種

マンネリになりがちなオムレツだけど、
ソースのバリエーションがあればいつもと違う味に!

卵液に片栗粉を入れて
焼くことでオムレツが
破けにくくなるよ。これで
オムレツ名人になれる〜!

基本のオムレツ

材料 (2人分)

卵…3個
牛乳…大さじ1
片栗粉…小さじ1
塩・こしょう…各少々
サラダ油…小さじ1

1
ボウルに卵を溶きほぐし、牛乳、片栗粉、塩・こしょうを入れて混ぜ合わせる。フライパンに油を熱し、卵液を流し入れ、半熟くらいまで加熱する。

2
フライ返しなどで片側に寄せる。

3
手前に転がすようにして裏返す。

まいたけクリームソース

フライパンに**オリーブオイル少々**を熱し、粗みじん切りにした**まいたけ30g**を入れて炒め、しんなりしたら火を止める。**生クリーム大2、塩少々**を加えて混ぜる。お好みで**黒こしょう**をふる。

ブロッコリークリームソース

フライパンに小房に分けた**ブロッコリー30g**と**水100㎖**を入れてふたをして蒸し焼きにする。クタクタになったら木べらでつぶす。火を止め、**生クリーム大2と塩少々**を加えて混ぜる。お好みで**黒こしょう**をふる。

なすのトマトソース

フライパンに**オリーブオイル少々**を熱し、粗みじん切りにした**なす30g**を炒める。しんなりしたら火を止めて、**トマトケチャップ・水各小2、にんにくチューブ・塩各少々**を加えて混ぜる。

ソースの分量は卵1個分のオムレツに対応しています。卵2個でオムレツを作る場合は2倍に、卵3個でオムレツを作る場合は3倍……と、オムレツの大きさに応じて増やすのがおすすめです!

フレッシュトマトソース

トマト40gは粗みじん切りにする。ボウルにトマト、オリーブオイル・しょうゆ各小1、砂糖・乾燥パセリ各少々を入れて混ぜ合わせる。

玉ねぎソース

フライパンにバター5gを熱し、にんにくチューブ少々、みじん切りにした玉ねぎ30g、粗みじん切りにしたベーコン1枚を入れて炒める。しんなりしたら塩・こしょう各少々を加えて混ぜる。

ほうれん草のチーズクリームソース

フライパンにバター5gを熱し、にんにくチューブ少々、粗みじん切りにしたほうれん草1本を炒める。牛乳・粉チーズ各大1、塩・こしょう各少々を加えてひと煮立ちさせる。

(レシピの見方について)

この章では、レシピをシンプルで見やすくするために、大さじ1→大1、小さじ1→小1と、省略して記載しています。

おにぎりアイデア 20

お弁当に、朝食に、昼食に……　バリエーションがあるだけで毎日が楽しくなるかも。

> **おにぎりアイデアの見方**
>
> ① 手間度★☆☆☆　具材を混ぜるだけの手間いらずおにぎり。
>
> ② 手間度★★☆☆　梅干しをたたいたり、わかめ、ひじきを戻したりなどほんの少しの手間くらいのおにぎり。ひじきは熱湯で戻すと加熱の手間が省けます。
>
> ③ 手間度★★★☆　肉や魚をトースターで焼く、レンチンするなど、ひと手間あるくらいのおにぎり。
>
> ④ 手間度★★★★　フライパンで焼いたりする手間はかかるけれど、豪華で映えるおにぎり。

②

梅×しらす×おかか

梅干しはたたいて混ぜるだけ。

①

枝豆×チーズ

混ぜるだけ。

①

コーン×塩昆布

混ぜるだけ。

①

枝豆×ゆかり

混ぜるだけ。

① しらす×コーン

混ぜるだけ。お好みで**塩**を足す。

② 梅×ひじき×おかか

梅干しはたたいて混ぜるだけ。**ひじき**は熱湯で戻すと◎。

② 生たらこ×バター

バターをご飯に混ぜ込んで**たらこ**を入れる。

② わかめ×ごま

戻した**わかめ**、**塩**、**白いりごま**を混ぜるだけ。

② ビビンバ風

焼き肉のタレ、**ピザ用チーズ**、**韓国のりフレーク**、**きざんだキムチ**を混ぜ込む。

③ 鮭×小松菜

塩鮭と**小松菜**をレンチンして混ぜ込む。

③ 鶏ひき肉×ねぎみそ

鶏ひき肉と**長ねぎ**と**みそ**と**砂糖**を混ぜ合わせてレンチンして混ぜ込む。

③ 卵×ツナ

卵は溶きほぐしてレンチンでいり卵に。**ツナ缶**、**塩**、**白いりごま**と一緒に混ぜる。

具材の量と大きさ、味の加減はご飯の量と食べる人の好みに合わせて、混ぜ込み中に味見をしながら調整してね。

③

サバ×キムチ

サバはトースターで焼き、ほぐし
て**キムチ**と一緒に混ぜ込む。

③

サバ×小松菜

サバはトースターで焼き、ほぐし
て、レンチンした**小松菜**と一緒に
混ぜ込む。

④

オムライス風

コーンを混ぜ込んだ**ケチャップラ
イス**を、**薄焼き卵**で包む。

③

五目ご飯風

レンチンした**にんじん**、**ひじき**、
ツナ、**和風だしの素**、**しょうゆ**を
混ぜ込む。

③

鶏ひき肉カレー風味

鶏ひき肉と**カレー粉**を混ぜ合わせ
てレンチンし、**コーン**を加えて混
ぜ込む。

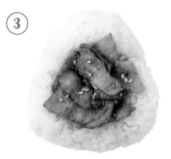

③

甘辛焼き肉

豚バラ肉をレンチンし、**焼き肉の
たれ**と**白いりごま**を加えて味付け。

④

肉巻きおにぎり

おにぎりを**豚バラ肉**で巻いて焼く。
しょうゆ、**砂糖**で味付けし、**白い
りごま**をふる。

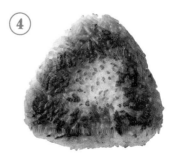

④

焼きおにぎり

おにぎりを**ごま油**で焼き、**しょう
ゆ**で味付けする。

2 章

レンチン・オーブン・トースターで作るおかず

2章で登場する
手間と洗い物を減らす
主な調理テク・ポイント

その **1** # 焼き魚はトースターにお任せで

タラの西京焼き
（P89）

サバと水菜とトマトのおかずサラダ
（P91）

鮭のきのこクリームソース
（P92）

魚焼きグリルやフライパンもいいけれど、もっと手軽に焼き魚を楽しみたい！そんな時は、トースターを使うのも手です。

魚のレシピが加わると献立のバリエーションが増える〜！

その **2** # 天板の上で調味料を
混ぜる＆まぶす

フライパン用シートを敷いてね！

タラの西京焼き
（P89）

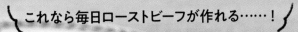
これなら毎日ローストビーフが作れる……！

レンジでローストビーフ

買い物メモ

□ **牛もも肉**
（ブロック）
…200g

このレシピ
で使う
調味料

にんにくチューブ　　塩・こしょう

オリーブオイル　　砂糖　　めんつゆ（2倍濃縮）

調理時間

20
分

作り方 （2〜3人分）

牛もも肉
常温に戻す

にんにくチューブ 4cm
塩・こしょう 各少々
オリーブオイル 大さじ1

1

牛肉ににんにく、塩・こしょう、オリーブオイルをまぶす。

砂糖 大さじ1
めんつゆ（2倍濃縮） 大さじ1

2

耐熱容器に入れて、砂糖とめんつゆをまぶす。

レンチン
1分30秒　→　レンチン
30秒

3

ラップをかけて1分30秒レンチンする。裏返し、再びラップをかけて30秒レンチンする。粗熱を取り、冷蔵庫で15分置いて、食べやすい大きさに切る。

耐熱皿1枚で完成!

なすとひき肉の みそトマグラタン

調理時間
20分

買い物メモ

- ☐ なす…2〜3本
- ☐ 豚ひき肉…200g
- ☐ カットトマト缶…½缶
- ☐ ピザ用チーズ…120g

このレシピ
で使う
調味料

酒　　みりん　　砂糖

しょうゆ　　みそ

作り方 （2～3人分）

1

なす　縦薄切り

耐熱容器になすを入れる。

2

カットトマト缶
½缶

豚ひき肉
200g

Ⓐ
酒　小さじ2
みりん　小さじ2
砂糖　小さじ1
しょうゆ　小さじ1
みそ　小さじ1

レンチン
7分

1にひき肉、トマト缶、**Ⓐ**を入れ、ラップ
をかけて7分レンチンする。

3

ピザ用チーズ　120g

トースター
10分

全体を混ぜ、上にチーズをのせて、トース
ターで10分焼く。

なすの薄切りはスライサーでしゅばばばば！です。
最小限の洗い物でできるグラタンレシピなので、
ぜひ試してみてください。

漬け込まなくてもおいしく完成～！

タンドリーチキン

電子レンジ・オーブン・トースター

調理時間
35
分

買い物メモ

☐ 鶏もも肉…2枚

☐ じゃがいも…2個

☐ ミニトマト…4個

☐ プレーンヨーグルト（無糖）…大さじ3

このレシピで使う
調味料

トマトケチャップ　　砂糖

カレー粉　　塩・こしょう

A

トマトケチャップ 大さじ2
砂糖 小さじ1
カレー粉 小さじ½
塩・こしょう 各少々

鶏もも肉 大きめの一口大
プレーンヨーグルト 大さじ3

作り方 （2〜3人分）

1

じゃがいも 皮ごとくし形切り
水 少々

レンチン
4分

2

180℃の
オーブンで
20〜30分

じゃがいもに水をかけてラップで包み、4分レンチンする。

深めの耐熱容器に鶏肉、ヨーグルト、Ⓐを入れて混ぜ、**1**をのせる。180℃のオーブンで20〜30分焼き、半分に切ったミニトマトをのせる。

オーブンの天板を使いたくなりますが、加熱中に肉汁が出て吹きこぼれる可能性があるので、深めの耐熱皿を推奨します。オーブンOKのフライパンが便利！

オーブン不要の時短レシピ！

ローストチキン

調理時間 **30**分

買い物メモ

- □ 鶏手羽元…6本
- □ じゃがいも…1個
- □ ブロッコリー…½個

このレシピで使う調味料

酒　　塩・こしょう　　にんにくチューブ

トマトケチャップ　　しょうゆ　　みりん

砂糖

1

ブロッコリー
小房に分ける

酒 大さじ1
塩・こしょう 各適量

レンチン
10分

鶏手羽元
骨に沿って
切り込みを入れる

じゃがいも
皮ごとくし形切り

耐熱ボウルに鶏肉、じゃがいも、ブロッコ
リー、酒、塩・こしょうを入れ、ラップを
かけて10分レンチンする。

2

| にんにくチューブ 5cm |
| トマトケチャップ 大さじ2 |
| Ⓐ しょうゆ 大さじ1 |
| みりん 大さじ1 |
| 砂糖 大さじ1 |

水分が出たら捨てて、Ⓐを入れて混ぜる。

3

トースター
15分

トースターの天板にアルミホイルを敷き、
2を並べてボウルに残ったⒶをかけ、15
分焼く。

鶏手羽元は、骨に沿ってキッチンバサミで切り込みを
入れると身離れがよくなって食べやすいです。
が、面倒だったらやらなくてもOK！（笑）

めっちゃ簡単なのに映える!

ひき肉ポテトパイ

調理時間 **30**分

買い物メモ

☐ 合いびき肉…300g
☐ 冷凍パイシート…2枚
　（18㎝×18㎝のもの）

☐ じゃがいも…1個
☐ 玉ねぎ…½個
☐ ピザ用チーズ…50g

このレシピで使う **調味料**

バター
コンソメスープの素
塩・こしょう　　マヨネーズ

1

バター 10g
コンソメスープの素 小さじ½
塩 少々

玉ねぎ
薄切り

じゃがいも
薄切り

レンチン
4分

耐熱ボウルにじゃがいも、玉ねぎ、バター、コンソメ、塩を入れてラップをかけ、4分レンチンする。

2

ピザ用チーズ 50g
合いびき肉 150g
塩・こしょう 各適量
合いびき肉 150g

1

パイシート

オーブンの天板にクッキングシートを広げ、パイシート、**1**、チーズ、ひき肉半量、塩・こしょう、残りのひき肉の順にのせる。

3

マヨネーズ 適量

上にパイシートをかぶせ、端をフォークなどで止め、マヨネーズをぬる。

4

230℃の
オーブンで
20分

表面に切り込みを入れ、230℃のオーブンで20分ほど焼く。

パイの表面にぬるのは、マヨネーズの代わりに卵黄でも！ パイシートを切らずにそのまま使うのでお手軽！ かなり食べごたえがあるので、みんなが集まるパーティーなどにもおすすめです。オーブンが200℃までしかない場合も、20分焼いてから様子を見て、中に火が通るまで加熱してください。

調理時間
8分

食べたい時にすぐに作れるしっとり鶏むね肉

レモンクリームよだれ鶏

電子レンジ・オーブン・トースター

買い物メモ

☐ 鶏むね肉…1枚
☐ 生クリーム…大さじ3

このレシピ
で使う
調味料

酒　　　　オリーブオイル　　砂糖
塩　　　　チューブにんにく　　レモン汁
乾燥パセリ

84

（2～3人分）

1

鶏むね肉
常温に戻し、
皮を取る

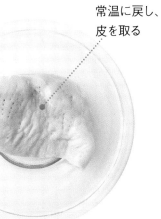

耐熱ボウルに鶏肉を入れ、フォークで全体
を刺す。

2

> **酒** 大さじ1
> **オリーブオイル** 大さじ1
> Ⓐ **砂糖** 小さじ1
> **塩** 小さじ½

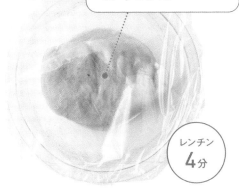

レンチン
4分

1に**Ⓐ**を加えて鶏肉にからめ、ラップをか
けて4分レンチンする。肉汁が出たら大さ
じ1取っておく。

3

氷水 適量

氷水で**2**を冷やす。

4

> **チューブにんにく** 3cm
> **生クリーム** 大さじ3
> Ⓑ **レモン汁** 大さじ1
> **レンチン後に出た肉汁** 大さじ1
> **塩** 小さじ¼
> **乾燥パセリ** 適量

Ⓑを混ぜ合わせ、水気を切って食べやすい
大きさに切った**3**にかける。お好みで薄切
りのきゅうりや半分に切ったミニトマトを
添える。

鶏肉をレンチンしたあと氷水で冷やすことで、
切ったときに肉汁が流れ出て固くなってしまうのを
防ぎます。レンチン前に常温に戻すのも忘れずに！

調理時間
10分

電子レンジ・オーブン・トースター

ほっこり和食がレンチンだけで完成！

レンジでかぼちゃの そぼろあん

買い物メモ

☐ かぼちゃ…1/8個
☐ 豚ひき肉…80g

このレシピ で使う **調味料**

和風だしの素　　片栗粉

しょうゆ　　酒　　みりん　　砂糖

1

水　100㎖
和風だしの素　小さじ½

かぼちゃ
一口大

レンチン
5分

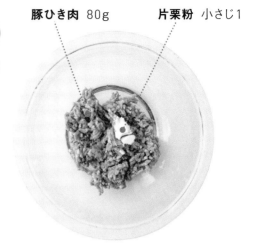

耐熱ボウルにかぼちゃ、水、和風だしの素
を入れてラップをかけて5分レンチンして、
器に盛る。

2

豚ひき肉　80g　　片栗粉　小さじ1

別の耐熱ボウルにひき肉と片栗粉を入れて
混ぜる。

3

水　180㎖
しょうゆ　小さじ2
Ⓐ 酒　小さじ2
みりん　小さじ2
砂糖　小さじ1

レンチン
3分

2にⒶを加えて混ぜ、ラップをかけずに3
分レンチンする。

4

よく混ぜて、1にかける。

4の工程で肉からアクが出ることがあるので、
気になる場合はアク取りしてください！
かぼちゃは5分レンチンしてまだ硬ければ
追加レンチンしてくださいね！

これならいつでも手作りできる！

にじまま家のポテトサラダ

買い物メモ

☐ じゃがいも…2個　　☐ ベーコン (厚切り)…50g
☐ 卵…2個　　　　　　☐ コーン缶…30g
☐ きゅうり…½本　　　☐ 牛乳…大さじ2

このレシピで使う調味料

マヨネーズ
塩
黒こしょう

調理時間
15分

作り方　（2〜3人分）

A
牛乳 大さじ2
マヨネーズ 大さじ2
塩 小さじ¼
黒こしょう 少々

卵 フォークなどで数カ所穴をあける

じゃがいも 皮をむき十字に切り込みを入れる

水 じゃがいもがかぶるくらい

ベーコン 細切り

コーン 30g

きゅうり 薄切り

1

レンチン7分

耐熱ボウルにじゃがいもと水を入れ、ラップをかけて7分レンチンする。

2

レンチン3分

水を捨て、じゃがいもを適度につぶす。卵を割り入れ、ラップをかけて3分レンチンする。

3

じゃがいもと卵をお好みの加減までつぶし、きゅうり、ベーコン、コーン、Ⓐを加えて混ぜる。

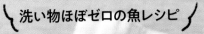
洗い物ほぼゼロの魚レシピ

タラの西京焼き

買い物メモ

- ☐ タラ…3切れ
- ☐ 長ねぎ…1本

このレシピ
で使う
調味料

みそ　　砂糖

みりん

調理時間
17
分

作り方　（2〜3人分）

みそ　大さじ2
砂糖　小さじ2
みりん　小さじ2

1

トースターの天板にフライパン用
シートを敷き、みそ、砂糖、みり
んを混ぜる。

タラ　3切れ

2

タラを加えて**1**をからめる。

長ねぎ　斜め切り

トースター
15
分

3

長ねぎを加えて軽く混ぜ、トース
ターで15分焼く。

さっぱり食べたい日にピッタリ

白身魚の冷や汁

買い物メモ

- ☐ **白身魚**（カレイなど。骨取りのものがおすすめ）… 3切れ
- ☐ **きゅうり**… 1本
- ☐ **トマト**… 1個
- ☐ **みょうが**… 1本
- ☐ **豆腐**… 1パック（150g）

このレシピで使う調味料

白すりごま

酒　みそ

白だし

調理時間 **10**分

作り方 （2〜3人分）

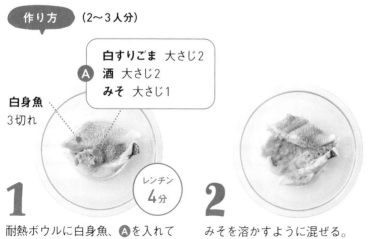

白身魚 3切れ

Ⓐ
- **白すりごま** 大さじ2
- **酒** 大さじ2
- **みそ** 大さじ1

レンチン **4分**

1
耐熱ボウルに白身魚、Ⓐを入れてラップをかけずに4分レンチンする。

2
みそを溶かすように混ぜる。

白だし 大さじ2
水 300㎖
氷 適量

トマト くし形切り

きゅうり 薄切り

みょうが 小口切り

豆腐 1パック

3
2にきゅうり、トマト、みょうが、豆腐、白だし、水、氷を入れて豆腐をくずすように混ぜる。

ご飯のおかずにもお酒のアテにも

サバと水菜とトマトの
おかずサラダ

買い物メモ

- ☐ 塩サバ…半身
- ☐ 水菜…1〜2株（60g）
- ☐ トマト…½個
- ☐ クルトン…適量

このレシピ
で使う
調味料

オリーブオイル

しょうゆ　　塩

調理時間

9分

作り方 （2〜3人分）

塩サバ　5等分

1
トースターの天板にフライパン用
シートを敷き、サバを並べ、7分
焼く。

トースター
7分

トマト
角切り

水菜
3cm長さ

Ⓐ
オリーブオイル　小さじ1
しょうゆ　小さじ½
塩　少々

2
ボウルに水菜、トマト、Ⓐを入れ
てあえ器に盛る。上に**1**とクルト
ンをのせる。

生クリーム消費レシピとしても◎

鮭のきのこ
クリームソース

買い物メモ

- ☐ 生鮭…2切れ
- ☐ まいたけ…1パック
- ☐ コーン缶…50g
- ☐ 生クリーム…100㎖

このレシピ
で使う
調味料

塩・こしょう

にんにくチューブ

しょうゆ

調理時間

9
分

作り方 （2～3人分）

生鮭 塩・こしょうをふる **まいたけ** ほぐす

コーン缶 50g

Ⓐ
生クリーム 100㎖
にんにくチューブ 2㎝
しょうゆ 小さじ½
塩 適量

1

トースター
7分

トースターの天板にフライパン用
シートを敷き、鮭とまいたけを並
べ、7分焼く。

2

ボウルにⒶと熱いままのまいたけ、
コーンを入れて混ぜ、器に盛った
鮭にかける。

レシピでは冷たいソースなので、
お好みの温かさになるまで
2を10秒ずつレンチンして
温めるのもアリです!

レンジで完成ガツンとおかず

ニラともやしの豚キムチ

買い物メモ

- ☐ 豚バラ肉 (薄切り) … 100g
- ☐ もやし … 1/2袋
- ☐ ニラ … 1/2束
- ☐ 白菜キムチ … 60g

このレシピ
で使う
調味料

豆板醤チューブ

しょうゆ

ごま油

調理時間

7
分

作り方 （2〜3人分）

ニラ
4cm長さ

豚バラ肉 一口大

白菜キムチ 60g

もやし

レンチン
4分

1

耐熱ボウルにもやし、ニラ、豚肉、キムチの順に入れてラップをかけて4分レンチンする。

豆板醤 小さじ1
A しょうゆ 小さじ1
ごま油 小さじ1

2

水分が出たら捨てて、Ⓐを加えて混ぜる。

毎日の料理が義務感があってしんどい、仕事や家事育児で疲れてしまってやる気が起きない、そもそも料理する時間がほとんどない、という料理のお悩みをよくメッセージでいただきます。そういった環境だからこそ、時短レシピや簡単レシピを探していらっしゃるのだと思います。

　こういった場合に、時短レシピや簡単レシピは解決策のひとつにはなりますが、生活の中で料理を楽しむためには、ある程度自分の生活を自分で整える必要があります。時間がなさすぎる生活をしていると、どうしても料理が作業になり、料理を終わらせるのに必死…！　という風になってしまうからです。時間がなければせっかくの食べる時間もゆっくりできないですよね。私も産後の期間はそうでした。効率化やスピード、こなすことだけに一生懸命になり、料理を楽しむなんて余裕はまったくなく、タスクをこなすだけの毎日に疲れ切っていました。

　なので、今はそれでも仕方ない！という状況になってしまうことはとてもよくわかっていますし、それはそれでいいのですが、料理は生活の一部であり、生活が整わない限りは料理も整いません。作り手が無理し続ける料理は、いくら時短レシピとはいえ、しんどいし続かないです。私は料理は食べる側だけがよければそれで良いとは思っていません。作り手も食べる人も両方HAPPYであってほしいと思っています。

　この本を手に取ってくださったあなたにも、料理を楽しんでほしいと心から思っています。ぜひ、料理を通して、自分の「こういう生活をしたい！」という理想を叶えてほしいと思っています。ぜひご自分の生活を振り返ってみてください。

料理をする環境を
整えよう!

ずぼらな人のおやつ

いつも家にあるものだけで完成!
皿まるごとプリン

買い物メモ

☐ 卵…2個
☐ 牛乳…150ml

このレシピで使う調味料
砂糖

調理時間
5分

作り方 (2〜3人分)

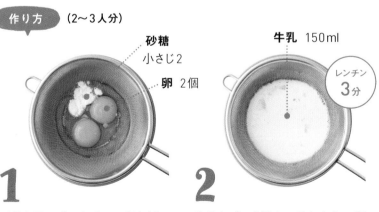

砂糖 小さじ2
卵 2個

牛乳 150ml
レンチン **3**分

砂糖 大さじ2
水 大さじ3

🔥🔥🔥 中火

1
耐熱容器にざるを重ね、卵を割り入れ、砂糖を加えて溶きほぐす。

2
牛乳をざるを通して入れたら、卵を混ぜながら濾す。ざるを取って全体を混ぜ合わせ、ラップをかけて3分レンチンし、粗熱を取る。

3
フライパンに砂糖と水を入れて火にかけ、飴色になったら水少々（分量外）を足してひと煮立ちさせる。粗熱が取れたら**2**にかける。

ホケミじゃないからお好みの甘さにできる

チョコチャンクスコーン

買い物メモ

- ☐ 薄力粉 … 120g
- ☐ ベーキングパウダー … 小さじ1
- ☐ お好みの板チョコ … 1枚
- ☐ 牛乳 … 50ml

このレシピ
で使う
調味料

サラダ油

砂糖

塩

調理時間
20分

作り方 （2〜3人分）

薄力粉 120g
ベーキングパウダー
小さじ1

1

ボウルに密閉保存袋を重ね、薄力粉とベーキングパウダーを入れる。空気を入れ、口を閉じてふり、混ぜる。

Ⓐ
牛乳 50ml
サラダ油 20ml
砂糖 小さじ1
塩 少々

板チョコ
6かけほど
取っておく

2

1に**Ⓐ**と適当な大きさに割った板チョコを加えて袋の外からこね、ひとまとまりになったら、6等分の筋をつける。

190℃の
オーブンで
15分

3

オーブンの天板にクッキングシートを敷いて**2**を並べ、チョコを1かけずつのせて190℃のオーブンで15分焼く。

食べる直前に作るのがおすすめ☆

もちもち鬼まんじゅう

買い物メモ

☐ さつまいも…1本 (140g)

☐ 牛乳…大さじ3

このレシピ
で使う
調味料

砂糖

薄力粉

調理時間
13
分

作り方 （2〜3人分）

レンチン
5分

1
さつまいもは洗い、皮ごとラップで包んで5分レンチンする。

さつまいも
2cm角に切る

牛乳 大さじ3
砂糖 小さじ1

2
耐熱皿にクッキングシートを敷いて、**1**を切って入れ、牛乳、砂糖を加えて混ぜる。

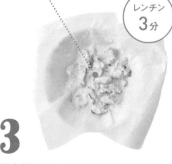

薄力粉 30〜40g

レンチン
3分

3
薄力粉をもったりするまで加えて混ぜる。クッキングシートの端を内側に折り、ラップをかけて3分レンチンする。食べやすい大きさに切る。

3章

熱湯・レンチン・混ぜるだけで

作る副菜

3章で登場する
手間と洗い物を減らす
主な調理テク・ポイント

その 1 肉や野菜はボウルに 熱湯で火を通す

P17も見てね！

熱湯豚しゃぶサラダ
（P101）

その 2 重ね技で洗い物削減

ほうれん草の加熱と
乾燥ひじきを戻すのを同時に！

鶏ささみとブロッコリーも
重ねて同時にレンチン

豆腐の水切りは入っていた
パックに重ねてレンチン

ナムル味
ほうれん草とひじき
（P102）

マヨネーズ味
**ささみとブロッコリーの
カレーマヨ**
（P110）

豆腐
ごまだれ豆腐のサラダ
（P115）

レシピの見方について　この章では、レシピをシンプルで見やすくするために、大さじ1→大1、
小さじ1→小1と、省略して記載しています。

ボウルひとつでしゃぶしゃぶが完成！

熱湯豚しゃぶサラダ

買い物メモ

- ☐ きゅうり…2本
- ☐ 豚バラ肉（しゃぶしゃぶ用）…200g
- ☐ 梅干し…4個

このレシピで使う調味料　**お好みのドレッシング**

調理時間

10分

作り方 （2〜3人分）

きゅうり
せん切り

熱湯
たっぷり

豚バラ肉

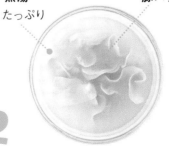

1

器にきゅうりを盛る。

2

耐熱ボウルに熱湯と豚肉を入れてよく混ぜて火を通す。**1**に水気を切った豚肉ときざんだ梅干し、お好みで白いりごまをのせ、ドレッシングを添える。

豚肉に赤い部分が
残っていないかしっかり確認を！
ある場合は、一度湯を捨てて
再度熱湯に浸してくださいね。
（P17参照）

副菜

調理時間
8分

〳 定番ナムルを簡単に！ 〵

ほうれん草とひじき

熱湯
バシャー

作り方 （2人分）

1 耐熱ボウルに**ほうれん草½袋**を、ざるに**乾燥ひじき大1**を入れて重ねる。（あ）

2 **1**に熱湯を入れて5分置いたら、水気を絞って食べやすい大きさに切る。

3 ボウルに**2**と**ごま油小1**、**鶏ガラスープの素小½**、**塩小½**、**チューブにんにく2㎝**、**白いりごま小1**を入れてあえる。

あ

〳 干しえびのうまみが◎ 〵

切り干し大根とえび

混ぜるだけ

作り方 （2人分）

1 **切り干し大根20g**はよく洗って、15分水に浸して戻す。

2 よく絞って長ければ切り、**桜えびふたつまみ**、**にんにくチューブ2㎝**、**ごま油小1**、**鶏ガラスープの素小½**、**塩適量**であえる。

調理時間
20分

調理時間
6分

〳 "あと一品"ほしいときに 〵

キャベツとおかか

レンチン

作り方 （2人分）

1 **キャベツ¼個**は5㎜幅の細切りにして耐熱ボウルに入れ、ラップをかけて2分レンチンする。

2 **1**に**にんにくチューブ3㎝**、**ごま油小1**、**鶏ガラスープの素小½**、**塩適量**、**削り節1パック**（2.5g）を加えてあえる。

調理時間 **5**分

おつまみにしても楽しめる

混ぜるだけ

枝豆と塩昆布

作り方 （2人分）

1 冷凍枝豆（むき身）70gは流水解凍する。

2 水気を切って、**塩昆布ふたつまみ、にんにくチューブ1㎝、ごま油小1、鶏ガラスープの素小½、塩適量、白すりごま少々**であえる。

お弁当のおかずにも

にんじんとごま

作り方 （作りやすい分量）

1 **にんじん1本**はせん切りにして耐熱ボウルに入れ、ラップをかけて3分レンチンする。

2 **にんにくチューブ3㎝、白いりごま大1、ごま油小1、鶏ガラスープの素小½、塩適量**を加えてあえる。

調理時間 **8**分

調理時間 **4**分

混ぜるだけのさっぱりおかず

混ぜるだけ

きゅうりと梅

作り方 （2人分）

1 **きゅうり1本**はせん切り、小さめの梅干し3個はラップで包み、ラップ越しに種を取りつぶす。（ぁ）

2 ボウルに**1、にんにくチューブ2㎝、ごま油小1、塩小¼**を入れてあえる。

ぁ

副菜

冷蔵庫のレギュラーメンバーで
トマトと玉ねぎ

混ぜるだけ

調理時間 **15**分

作り方 （2人分）

1 ボウルに薄切りにした**玉ねぎ¼個**と**塩小¼**を入れて混ぜ、10分置き、水気を取る。

2 **1**、角切りにした**トマト1個**、**レモン汁小2**、**オリーブオイル小1**、**砂糖小1～2**、**塩小¼**を混ぜ、お好みで**乾燥パセリ**をふる。

調理時間 **6**分

ツナ缶をオイルごと活用！
にんじんとツナ

混ぜるだけ

作り方 （作りやすい分量）

1 ボウルにせん切りにした**にんじん1本**と**塩小⅓**を入れて混ぜる。

2 オイルごとの**ツナ缶1缶**と、**レモン汁小2**、**砂糖小1～2**を加えて混ぜる。

おもてなしにも使えるおしゃれマリネ
ミックスビーンズ入り
ごろごろマリネ

混ぜるだけ

調理時間 **5**分

作り方 （作りやすい分量）

ボウルにさいの目切りにした**きゅうり1本**、**トマト½個**、**ミックスビーンズ70g**、**コーン缶80g**、**オリーブオイル・レモン汁各小2**、**砂糖小1～2**、**塩小¼**、**黒こしょう適量**を入れて混ぜ合わせる。

トマトとチーズとバジル

混ぜるだけ

調理時間 5分

作り方 （2人分）

ボウルに乱切りにした**トマト1個**、ちぎった**モッツァレラチーズ100g**、**バジル適量**、**オリーブオイル・レモン汁各小2**、**砂糖小1〜2**、**塩小¼**、**黒こしょう適量**を入れて混ぜ合わせる。

調理時間 5分

ころころじゃがいもがかわいい

シーフードとバジル

レンチン

作り方 （2人分）

1 **生食用の冷凍シーフードミックス100g**は流水解凍し、さいの目切りにした**じゃがいも1個**は耐熱容器に入れてラップをかけて2分レンチンする。

2 ボウルに**1**、ちぎった**バジル適量**、**オリーブオイル・レモン汁各小2**、**砂糖小1〜2**、**塩小¼**、**黒こしょう適量**を入れて混ぜ合わせる。

ズッキーニの食感が最高！

ズッキーニと玉ねぎ

混ぜるだけ

調理時間 20分

作り方 （2人分）

1 ポリ袋に薄切りにした**ズッキーニ1本**、**玉ねぎ¼個**、**塩小⅓**を入れて揉み、重しをのせて10〜15分置く。

2 ポリ袋ごと水分を絞って捨てる。（あ）

3 **2**に2等分にした**ミニトマト6個**、**砂糖**、**レモン汁・オリーブオイル各大1**を加えて混ぜ、適宜**塩**で味をととのえる。

（あ）

副菜

子どもウケも抜群のねばねばおかず

オクラと長いも

レンチン

調理時間
3分

作り方 （2人分）

1 **オクラ5本**はまとめてラップで包み、30秒レンチンして小口切りにする。

2 ボウルに**1**とさいの目切りにした**長いも150g**、**しょうゆ・和風だしの素各小1**、**削り節1パック(2.5g)**を入れて混ぜ合わせる。

調理時間
15分

サバ缶のうまみとさっくり大根の食感が◎

大根とサバ缶

混ぜるだけ

作り方 （2人分）

1 ボウルにさいの目切りにした**大根¼本**と**塩小¼**を入れて10分置き、水気を取る。

2 汁気を切った**サバ水煮缶¼缶**、**白いりごま大1**、**しょうゆ小1**、**和風だしの素小½**を加えて混ぜ合わせる。

定番おひたしも熱湯で一発!

ほうれん草の熱湯おひたし

熱湯
バシャー

調理時間 5分

作り方 （2人分）

1 耐熱ボウルに**ほうれん草½束**を入れ、たっぷりの熱湯にひたす。

2 少し置いたら冷水に取り、水気を絞って食べやすい大きさに切り、**水大1**、**しょうゆ小1**、**和風だしの素少々**、**削り節1パック（2.5g）**と混ぜ合わせ、お好みで**白いりごま**をふる。

調理時間 5分

おなじみのふりかけで味が決まる!

小松菜とゆかり

熱湯
バシャー

作り方 （2人分）

1 耐熱ボウルに**小松菜½束**を入れ、たっぷりの熱湯にひたす。

2 しばらく置いたら冷水に取り、水気を絞って食べやすい大きさに切り、**水大1**、**しょうゆ小2**、**和風だしの素小½**、**ゆかり小¼**と混ぜ合わせる。

青じそがアクセント!

サバ缶とトマト

混ぜるだけ

調理時間 4分

作り方 （2人分）

ボウルに**サバ水煮缶½缶**、くし形切りにした**トマト1個**、**サバ缶の缶汁大1**、**しょうゆ小1**、**和風だしの素小½**を入れて混ぜ合わせ、せん切りにした**青じそ2枚**をのせる。

副菜

調理時間
3分

漬け込みなしの即席長いもキムチ

混ぜるだけ

長いもキムチ

作り方　（2人分）

ボウルに、さいの目切りにした**長いも 100g**、**白菜キムチ50g**、**しょうゆ・ ごま油各小1**を入れて混ぜ合わせ、**青 じそ1枚**を広げた上にのせる。

マヨ×キムチでコクうま

トマトのキムチツナのせ

調理時間
4分

混ぜるだけ

作り方　（2人分）

1 **トマト1個**は輪切りにして器に 盛る。

2 1cm角にきざんだ**白菜キムチ 30g**、**ツナ缶½缶**、**マヨネー ズ大1**を混ぜ合わせ、**1**にのせ る。

混ぜるだけ

すぐにできるオイキムチ風

きゅうりのキムチ漬け

作り方 （2人分）

1 きゅうり**2本**はポリ袋に入れて
めん棒などでたたき、**塩小¼〜
⅓**を揉み、15分置く。（あ）

2 **白菜キムチ70g**、**にんにくチュ
ーブ3cm**を加えて揉み込む。

あ

大根のポリポリ食感を楽しめる

大根のポリポリ
キムチ漬け

混ぜるだけ

作り方 （2人分）

1 **大根180g**は細切りにする。

2 **1**、**白菜キムチ80g**、**ごま油小1**、
鶏ガラスープの素小½、**塩小¼**
を混ぜ合わせる。

副菜

〜 タンパク質盛りだくさん 〜

ささみとブロッコリーの カレーマヨ

レンチン

調理時間 **8**分

作り方 （2人分）

1 耐熱ボウルに**鶏ささみ1本**を入れ、**酒大1**をかける。小房に分けた**ブロッコリー½個**をのせ（あ）、ラップをかけて3分レンチンする。

2 粗熱が取れたら水気を拭き取り、ささみをほぐし、**マヨネーズ小2**、**カレー粉少々**、**塩少々**を入れてあえる。

あ

調理時間 **4**分

〜 しらすでカルシウム摂取 〜

小松菜としらすの おかかマヨ

熱湯バシャー

作り方 （2人分）

1 耐熱ボウルに**小松菜½束**を入れ、たっぷりの熱湯にひたす。

2 しばらく置いたら冷水に取り、水気を絞って食べやすい大きさに切り、**しらす干し15g**、**マヨネーズ小2**、**しょうゆ小½**、**削り節1パック（2.5g）**とあえる。

〜 サバ缶とじゃがいもは鉄板コンビ！ 〜

サバ缶とじゃがいもの マヨサラダ

レンチン

調理時間 **8**分

作り方 （2人分）

1 耐熱ボウルに7mm厚さのいちょう切りにした**じゃがいも1個**と**冷凍枝豆（むき身）30g**を入れてラップをかけて3分レンチンする。

2 汁気を切った**サバ水煮缶50g**、**にんにくチューブ2cm**、**マヨネーズ小2**、**しょうゆ小½**を加えてサバをほぐしながら混ぜ、お好みで**黒こしょう**をふる。

ささみとひじきと にんじんのマヨサラダ

ささみ入りで満足感UP!

レンチン

調理時間 10分

作り方　（作りやすい分量）

1 **ひじき大1**は熱湯で戻しておく。

2 耐熱ボウルに**ささみ1本**を入れ、**酒大1**をかける。せん切りにした**にんじん1本**、**コーン缶40g**をのせてラップをかけ、3分レンチンする。

3 粗熱が取れたらささみをほぐし、水気を切ったひじき、**白すりごま・マヨネーズ・しょうゆ各大1**を加えて混ぜる。

調理時間 6分

ささみとオクラの コチュマヨ

甘辛味がクセになる

レンチン

作り方　（2人分）

1 耐熱ボウルに**ささみ1本**を入れ、**酒大1**をかける。**オクラ5本**をのせ（あ）、ラップをかけて2分レンチンする。

2 粗熱が取れたらオクラを斜め半分に切り、ささみをほぐし、水気を拭き取る。

3 **コチュジャンチューブ2㎝**、**マヨネーズ小1**、**しょうゆ少々**を加えて混ぜる。

あ

大根と水菜の マヨポンサラダ

さっぱりコクうま

混ぜるだけ

作り方　（2人分）

ボウルにせん切りにした**大根¼本**、3㎝長さに切った**水菜2株**、**白いりごま大1**、**ポン酢・マヨネーズ各大1**、**ごま油小1**、**塩少々**を入れて混ぜる。

調理時間 6分

副菜

調理時間 **7**分

レンチンでできるトマト煮込み

キャベツとツナとミックスビーンズの煮込み風

レンチン

作り方 （2人分）

1. 耐熱ボウルに1cm角に切った**キャベツ⅛個**、**ミックスビーンズ70g**、缶汁を切った**ツナ缶1缶**、**カットトマト缶⅓缶**、**水50㎖**、**コンソメスープの素・砂糖各小1**、**塩小⅓**を入れる。

2. ラップをかけて4分レンチンしてお好みで**黒こしょう**をふる。

調理時間 **10**分

食べごたえ抜群！

じゃがいもとベーコンとチーズ

レンチン

作り方 （2人分）

1. 耐熱ボウルにさいの目切りにした**じゃがいも2個**と**ベーコン（厚切り）30g**、**カットトマト缶⅓缶**、**砂糖小2**、**コンソメスープの素・オリーブオイル各小1**、**塩小⅓**を入れる。

2. ラップをかけて4分レンチンして、さいの目切りにした**ベビーチーズ2個**を加えて混ぜる。お好みで**黒こしょう**をふる。

ほっくりかぼちゃがおいしい

かぼちゃと枝豆

レンチン

調理時間 **9**分

作り方 （2人分）

1. 耐熱ボウルに薄切りにした**かぼちゃ100g**、**冷凍枝豆（むき身）50g**、**カットトマト缶½缶**、**コンソメスープの素・砂糖各小1**、**塩小¼**を入れる。

2. ラップをかけて5分レンチンして混ぜる。お好みで**粉チーズ**をかける。

作りおきにも！

きゅうりの浅漬け

混ぜるだけ

調理時間 **19**分

作り方（作りやすい分量）

1 ポリ袋に斜め切りにした**きゅうり4本**と**塩小½**を入れてよく揉む。

2 重しをのせて10〜15分置き、ポリ袋ごと水分を絞って捨てる。

3 **白だし大1**を加えて混ぜる。

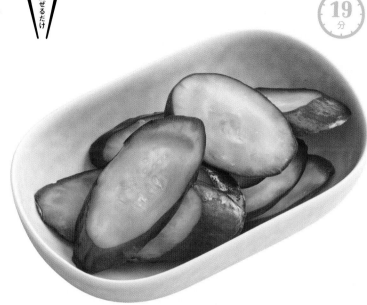

調理時間 **19**分

梅干しが爽やか！

混ぜるだけ

ぽりぽり梅大根

作り方（作りやすい分量）

1 ポリ袋に3mm厚さの半月切りにした**大根¼本**と**塩小½**を入れて軽く混ぜる。

2 重しをのせて10〜15分置き、ポリ袋ごと水分を絞って捨てる。

3 種を取ってたたいた小さめの**梅干し3〜4個**と**砂糖・酢・ごま油各小1**を加えて混ぜる。お好みで**削り節**をかける。

副菜

クラッカーにディップしても

豆腐とアボカドの クリーミーディップ

混ぜるだけ

調理時間 **5分**

作り方 （2人分）

1 ボウルに2等分にした**アボカド1個**、**絹豆腐1パック（150g）**、**レモン汁少々**を入れてざっくりとフォークでつぶし、ブレンダーで撹拌する。（あ）

2 **オリーブオイル小1**、**塩小¼～⅓**を加えて混ぜ、2等分にした**ミニトマト5個**を添える。お好みで**黒こしょう**をふる。

あ

いつもの冷奴が変身！

しらすと韓国のり豆腐

混ぜるだけ

作り方 （2人分）

1 ボウルに細かくきざんだ**白菜キムチ30g**、**しらす干し小1**、**韓国のりフレーク2g**、**しょうゆ・ごま油各少々**を入れて混ぜる。

2 器に盛ったお好みの**絹豆腐**に**1**をのせる。

調理時間 **3分**

調理時間
5分

〳レンチン水切りで洗い物削減！〵

ごまだれ豆腐の
サラダ

`レンチン`

作り方（2人分）

1 絹豆腐1パック（150g）はキッチンペーパーで2〜3重に包み、パックにのせて（あ）1分レンチンする。**水菜1株**は食べやすい大きさに切る。

2 白すりごま・砂糖・酢・みそ・ごま油各小1、鶏ガラスープの素・しょうゆ各小½を混ぜ合わせる。

3 器に、水菜、食べやすい大きさに切り分けた絹豆腐、2等分にした**ミニトマト4個**を盛り、**2**をかける。

あ

〳豆乳で作る優しい湯豆腐〵

豆乳湯豆腐

`レンチン`

作り方（2人分）

耐熱の器に4cm長さに切った**小松菜2株**、スプーンなどで切り分けた**豆腐1パック（150g）**、**豆乳100mℓ**、白だし小1、塩少々を入れて、3分レンチンする。

調理時間
5分

115

副菜

子どもも大好き!

かぼちゃの 冷製ポタージュ

鍋だけ

買い物メモ

☐ かぼちゃ… 180g

☐ 牛乳… 150㎖

このレシピ で使う 調味料 → **コンソメスープの素**

調理時間
15分

作り方 （2〜3人分）

かぼちゃ 皮をむいて薄切り

水 150㎖
コンソメスープの素
小さじ⅓

1

🔥🔥🔥 中火

鍋にかぼちゃ、水、コンソメを入れ、火にかける。かぼちゃがやわらかくなってきたら火を止め、木べらなどでつぶす。

牛乳
合わせて150㎖

2

2回に分けて牛乳を入れてよく混ぜ、粗熱が取れたら冷蔵庫で冷やす。

木べらでつぶしたあと、
ハンドブレンダーを使うと
よりなめらかになるよ!

□ 玉ねぎ…½個
□ ベーコン（薄切り）…2枚

このレシピ
で使う
調味料

オリーブオイル
塩

作り方 （2～3人分）

オリーブオイル
小さじ1

玉ねぎ 薄切り

ベーコン 細切り

水 300㎖
塩 小さじ⅓

ふたをして
10分

1
鍋にオリーブオイル、玉ねぎ、ベーコンを入れる。

2
🔥🔥🔥🔥 強火

強火にかけ、玉ねぎに焼き色をつける。

3
🔥🔥🔥 弱めの中火

水と塩を加えて煮込み、お好みで乾燥パセリをちらす。

調理時間
17分

こんがり玉ねぎがポイント
オニオンスープ

鍋だけ

副菜

⌇材料一つだけで完成☆⌇

トマトのガスパチョ風

混ぜるだけ

買い物メモ

☐ トマト…1個

このレシピ
で使う
調味料

にんにくチューブ　砂糖　塩

オリーブオイル　黒こしょう

調理時間

3分

作り方 （2〜3人分）

トマト 適当な大きさに
切って入れる

1

トマトは液状になるまでみじん切り器にかける。

にんにくチューブ
お好みの量
砂糖 小さじ1
塩 少々

Ⓐ

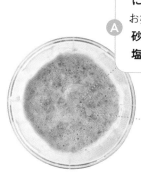

オリーブオイル 適量
黒こしょう 少々

2

1にⒶを加えて混ぜ、仕上げにオリーブオイルをたらし、黒こしょうをふる。

買い物メモ

☐ にんじん…1本
☐ 牛乳…50㎖

このレシピ
で使う
調味料

コンソメスープの素
塩

作り方 （2～3人分）

にんじん
薄切り

コンソメスープの素
小さじ1/2
水 150㎖

1
🔥🔥🔥 中火

鍋ににんじん、コンソメ、水を入れて煮込む。

2

にんじんがやわらかくなったら火を止め、ハンドブレンダーでつぶす。

牛乳 50㎖
塩 少々

3
🔥🔥🔥 中火

牛乳と塩を加えてひと煮立ちさせ、お好みで乾燥パセリをちらす。

シンプル食材でおいしい!
にんじんのポタージュ

調理時間
15
分

鍋だけ

副菜

豆乳で作るおしゃれスープ

調理時間
5分

ツナときゅうりの 冷製豆乳スープ

混ぜるだけ

作り方 （2人分）

1 **きゅうり1本**は小さめの角切りにする。

2 ボウルに**豆乳200mℓ**、油を切った**ツナ缶1缶**、**1**、**塩小⅓**を入れて混ぜる。

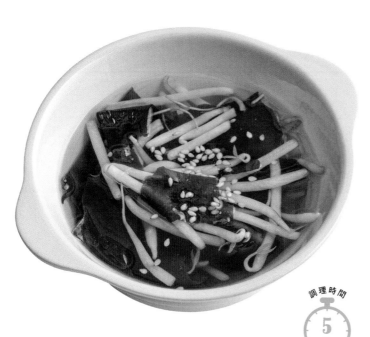

チャーハンに合う☆シンプルスープ

わかめともやしの 中華スープ

鍋だけ

作り方 （2人分）

1 鍋に**水600mℓ**を入れて沸かし、**もやし½袋**を入れる。

2 煮立ったら火を止め、**乾燥わかめ大1**、**鶏ガラスープの素・ごま油各小1**、**塩小⅓**、**しょうゆ少々**、**白いりごま適量**を加え、わかめが戻るまで置く。

調理時間
5分

"にじまま"ってこんな人

Instagramで料理について発信する料理研究家。
二児のママということもあり、日々忙しくすごすママ目線の手間を抜いた業務効率化レシピと動画内のツッコミが好評で、「普通に作るよりラクなだけでなくおいしいなんて！」「もっと早くこんなテクニック知りたかった！」の声が多数。
現在は、オンライン料理教室も主宰している。
Instagramでレシピの投稿をはじめてから、半年もたたずにフォロワーは20万人を突破し、現在は32.2万人（2023年10月現在）。

Instagram
@mamanomainichidesu

X（旧Twitter）
@mamanomainichi

YouTube
にじままちゃんねる
@mamanomainichidesu

料理教室公式LINE
https://lin.ee/D6A4m9N
（2023年11月現在）

料理教室は
オンラインでワイワイと
楽しくやってます！

INDEX

おわりに

　私は、家族とのごはんの時間を大切にしたくて、自分が家庭の食卓を作る人になりたくて、料理をしています。なぜなら、私の母がそういう人だったからです。母のように、料理で愛を伝えられる人になりたいと思っています。そう思っていたのに、結婚し、出産し、産後の日々は思うように料理ができず、悩むこともありましたが、それでもなんとか自分の理想を叶えたい！と、自分の頭をひねって意地になって料理をやっていました。その経験が、インスタの発信やこのレシピ本の出版につながったと思います。その時はうまくいかない現実に悩んでいたし、イライラすることもありましたが、長い人生で見た時に、その経験や自分のやってきたことは、誰かのためになったのだ、そして、自分に新たな別の経験をもたらしてくれたのだと考えれば、必要な経験だったのではないか、経験してよかったことなのではないか、と今は思っています。

　これまで2年以上、SNSにてレシピや料理の発信をしてきましたが、その根底にある気持ちは、昔も今も変わらず「料理に悩む人を減らしたい」「料理を楽しめる人を増やしたい」ということです。過去の自分と同じように料理に悩む人がいたら救いた

いと思っています。そう思ってレシピの発信をしてきましたが、レシピの発信だけではその全てを解決できないのだと感じ、現在はオンライン料理教室の運営をメインに活動しています。料理の悩みを根本から解決してほしい、料理を楽しめる人生を送ってほしい、そのためにはレシピの発信だけでは足りないのではないか？　もっと自分が伝えられることはたくさんあるのではないか？ということに気づけたのも、発信や見てくださる方々とのコミュニケーションを通じてのこと。自分自身もさらに前進することができたので、今までの自分のあらゆる悩みや経験は全て必要だったのだ、と思っています。

　みなさんも人生において、大なり小なり壁にぶつかることがあると思います。そういった壁にぶつかったときに、プラスのパワーに変えられるのか、それとも避ける方向にいくのか、それはあなた自身の行動が全てです。自分の選択するもの、自分がとるひとつひとつの行動が、自分のこの先の人生を作っていきます。ぜひ自分の手で、自分の思い描く人生を進んでいってほしいなと思います。

にじまま

にじままの究極ずぼらおかず 2
もっと知りたい！ラクしておいしいレシピ118

2023年12月20日　初版発行

著者／にじまま

発行者／山下　直久

発行／株式会社KADOKAWA
〒102-8177　東京都千代田区富士見2-13-3
電話　0570-002-301(ナビダイヤル)

印刷所／TOPPAN株式会社

製本所／TOPPAN株式会社